HERRAMIENTAS DE INNOVACIÓN EN MODELOS DE NEGOCIO Y GESTIÓN

I+D+i
EL MOTOR ECONÓMICO DE LA EMPRESA

LAURA JIMÉNEZ GUTIÉRREZ

www.innovacion-modelos-negocio-gestion.guiaburros.es

EDITATUM

Diseño de cubierta: © Marta Villarín (EDITATUM)
Maquetación de interior: © EDITATUM

Primera edición: marzo de 2025

ISBN: 979-13-87539-21-4
Depósito Legal: M-3307-2025

IMPRESO EN ESPAÑA/ PRINTED IN SPAIN

Te invitamos a registrar la compra de tu libro o *e-book* dándote de alta en el **Club GuíaBurros,** obtendrás directamente un cupón de **2 € de descuento** para tu próxima compra.

Además, si después de leer este libro lo has considerado útil e interesante, te agradeceríamos que hicieras sobre él una **reseña honesta en cualquier plataforma de opinión** y nos enviaras un *e-mail* a **opiniones@guiaburros.es** para poder, desde la editorial, enviarte **como regalo otro libro de nuestra colección.**

Sobre la autora

 **Laura Jiménez Gutiérrez** es profesora especializada en Economía de la Empresa y colaboradora destacada en la sección de Emprendedores del Diario de Empresa, donde desde hace más de cinco años escribe artículos que inspiran e informan a emprendedores y profesionales sobre tendencias, herramientas y estrategias clave para el éxito empresarial.

Licenciada en Derecho Económico y con un máster en Asesoría Financiera y de Sociedades, inició su carrera en el sector bancario, donde adquirió una sólida base en finanzas y gestión empresarial. Su pasión por la cultura y la innovación la llevó a fundar Grupo Tierra Trivium, una gestoría que desarrolla y gestiona proyectos creativos que conectan a las comunidades con el arte, la literatura y el conocimiento.

Como escritora polifacética, ha abordado diferentes géneros y enfoques, desde artículos especializados hasta obras prácticas. Su último libro, *Herramientas para innovar en modelos de negocio y de gestión*, está diseñado especialmente para estudiantes de Economía de la Empresa, proporcionando una guía clara y accesible para comprender y aplicar conceptos clave en el mundo real, ayudándoles a desarrollar habilidades prácticas para el éxito en sus carreras profesionales.

Agradecimientos

A Félix, la fe que sostiene mis alas cuando dudo si puedo volar.

Índice

Introducción

La mejor manera de predecir el futuro es creándolo.

Peter Drucker

¿Alguna vez has sentido que las ideas más brillantes surgen en los momentos más inesperados? Quizás mientras compartes una charla con amigos, resuelves un reto cotidiano o reflexionas sobre cómo perfeccionar lo que te apasiona. Este documento nace precisamente de esa chispa creativa que todos llevamos dentro, un impulso que, más allá de iluminar ideas, busca convertirlas en realidades valiosas.

Vivimos en un mundo que cambia con la velocidad de un clic, donde la innovación no es propiedad exclusiva de genios o grandes corporaciones. Es un arte que cualquier persona puede cultivar con las herramientas correctas. Este viaje que estás por iniciar te llevará a explorar caminos donde descubrirás cómo identificar oportunidades, pensar con originalidad y diseñar soluciones que pueden transformar tu entorno.

No temas si términos como "emprendimiento" o "modelos de negocio" te resultan abstractos; aquí, todo está diseñado para que entiendas, conectes y disfrutes el proceso. Desmenuzaremos conceptos complejos y los convertiremos en herramientas prácticas que podrás aplicar en tu vida diaria. Porque sí, innovar también puede ser emocionante.

El bloque III de la guía de estudios de la Prueba de Competencia Específica en Economía de la Empresa, establecida por la UNED para los A–Level e inspiración de este libro, se centra en el uso de herramientas clave para la innovación y el diseño de modelos de negocio. Pero no queremos solo explicarte cómo funcionan. Queremos encender tu creatividad, motivarte a aplicarlas y que te sumerjas en un proceso dinámico. Aquí encontrarás desde técnicas para generar ideas innovadoras hasta estrategias para evaluar su viabilidad. Cada página te invitará a descubrir que la innovación no tiene límites y que cualquier idea puede convertirse en una realidad tangible.

Este no es un libro más de teoría. Es una invitación a soñar, a crear y, sobre todo, a atreverte. Así que, si alguna vez te has preguntado cómo transformar un problema en una oportunidad, este es tu momento. Ajusta tu cinturón creativo y prepárate para descubrir el potencial que yace en tus manos. ¡Vamos a innovar!

I+D+i como base para la innovación en modelos de negocio y gestión

¿Qué es el I+D+i?

El término I+D+i se refiere a investigación, desarrollo e innovación, un conjunto de actividades en las que tanto empresas como gobiernos invierten recursos para adquirir conocimientos y aplicarlos en la mejora de productos, servicios o procesos productivos. Este enfoque, es fundamental para el avance técnico y la productividad, elementos clave para el progreso de cualquier sociedad.

Componentes del I+D+i

¿Cómo crees que la investigación, el desarrollo y la innovación pueden transformar un problema cotidiano en una oportunidad para mejorar la calidad de vida de las personas?

El I+D+i (investigación, desarrollo e innovación) es un motor esencial para la transformación económica, tecnológica y social de una sociedad. Representa el esfuerzo conjunto de empresas y gobiernos para generar conocimiento, desarrollar tecnologías e introducir innovaciones

15

que mejoren productos, procesos y servicios. Este enfoque no solo impulsa la productividad y competitividad de las empresas, sino que también aborda desafíos globales y mejora la calidad de vida de las personas. A continuación, exploraremos sus principales componentes, su impacto en diversos ámbitos y su papel en el progreso social y empresarial.

El término I+D+i engloba tres actividades interrelacionadas:

1. Investigación: es la base del conocimiento científico y se divide en dos tipos:
   – Investigación básica: se centra en expandir el conocimiento sin un objetivo práctico inmediato. Por ejemplo, estudiar cómo las bacterias afectan al cuerpo humano.
   – Investigación aplicada: Busca aplicar el conocimiento adquirido a problemas específicos. Desarrollar medicamentos para tratar enfermedades comunes como el resfriado sería un ejemplo ilustrativo.
2. Desarrollo: consiste en aplicar los conocimientos generados por la investigación para crear nuevos productos, servicios o procesos productivos. Por ejemplo, el desarrollo del ibuprofeno como medicamento ampliamente utilizado.
3. Innovación: se produce cuando los productos o procesos desarrollados llegan al mercado. Dentro de la innovación se destacan:

- Innovación en producto: introducción de nuevos productos con cambios significativos en materiales, componentes o funcionalidades.
- Innovación en proceso: implementación de nuevos métodos de fabricación, distribución o logística.
- Innovación organizacional: creación de nuevos modelos de organización empresarial o formas de trabajo.
- Innovación en *marketing:* cambios en estrategias de producto, precio, distribución o promoción.

Impacto del I+D+i en el desarrollo social y empresarial

¿De qué manera crees que las inversiones en I+D+i pueden ayudar a las empresas a ser más competitivas mientras contribuyen a resolver problemas sociales y ambientales?

El I+D+i juega un papel fundamental en el progreso de una sociedad y sus empresas, destacándose en los siguientes aspectos:

1. Generación de conocimiento: incrementa nuestra comprensión del mundo y de los fenómenos naturales y sociales, sentando las bases para el avance científico y tecnológico.
2. Mejora de la calidad de vida: las aplicaciones prácticas de los descubrimientos científicos resuelven problemas cotidianos. Por ejemplo, medicamentos que mejoran la salud; técnicas agrícolas que incrementan la

producción de alimentos; nuevas fuentes de energía que reducen costos y mejoran el confort en los hogares.

3. Solución de problemas sociales y ambientales: el I+D+i ofrece respuestas efectivas a retos globales como: pandemias y crisis sanitarias; escasez de recursos como el agua; cambio climático y sostenibilidad ambiental.

4. Desarrollo tecnológico: promueve la creación de tecnologías avanzadas que modernizan las infraestructuras, transforman industrias y mejoran los servicios sociales.

5. Incremento de la productividad empresarial: la adopción de procesos y tecnologías innovadoras permite a las empresas producir más con menos recursos, reduciendo costos y mejorando su eficiencia.

6. Mayor competitividad y nuevas oportunidades de negocio: las empresas que invierten en I+D+i pueden desarrollar productos únicos y modelos de negocio disruptivos, posicionándose mejor en mercados globales y abriendo nuevas oportunidades comerciales.

La inversión en I+D+i es clave para el desarrollo económico y social de un país. Fortalece su capacidad para enfrentar retos sociales y ambientales, impulsa el progreso tecnológico y mejora la competitividad en mercados globales. En última instancia, representa un compromiso con el futuro, ya que fomenta soluciones sostenibles, equitativas y modernas para las generaciones presentes y futuras.

 Reflexiona: ¿Cómo podemos incentivar una mayor inversión en I+D+i para garantizar que todas las regiones de un país se beneficien de sus avances y contribuyan al desarrollo sostenible?

La innovación y sus tipos

La innovación y sus tipos son aspectos esenciales para el emprendimiento, ya que implican transformar ideas en soluciones prácticas y efectivas para enfrentar retos de manera única. A continuación, se desarrolla una visión ampliada y estructurada del concepto de innovación y su clasificación:

Para emprender, no basta con tener ideas creativas; es imprescindible transformarlas en algo tangible y útil para resolver problemas de forma eficiente. Mientras que la creatividad es la capacidad de imaginar nuevas posibilidades, la innovación se centra en la implementación y aplicación efectiva de esas ideas en productos, procesos o modelos que aporten valor.

Por ejemplo, Steve Jobs demostró creatividad al imaginar un teléfono con acceso constante a internet, pero la innovación se materializó cuando ese concepto se convirtió en el iPhone, un dispositivo revolucionario que integró funcionalidades avanzadas y marcó un antes y un después en la tecnología.

La innovación puede entenderse como el proceso de creación, mejora y aplicación de nuevos productos, servicios, procesos o modelos de negocio que satisfacen de forma más efectiva nuestras necesidades y resuelven problemas con mayor eficiencia. Es el motor del cambio social y económico en un mundo en constante evolución.

La innovación se clasifica en diferentes categorías según su aplicación, originalidad y público objetivo:

1. Según la aplicación:
   - Innovación de producto: introducción de bienes nuevos o mejorados con características inéditas o funciones avanzadas. Por ejemplo, el desarrollo de *tablets* o portátiles con pantallas táctiles.
   - Innovación de proceso: rediseño de métodos de producción o distribución para hacerlos más eficientes o sostenibles. Un ejemplo es el uso de robots en los almacenes de Amazon para optimizar el tiempo de entrega.
   - Innovación de *marketing*: aplicación de estrategias novedosas para comercializar productos, como el diseño personalizado de latas de Coca-Cola con nombres.
   - Innovación organizacional: cambios en la estructura o dinámica laboral para mejorar el desempeño, como la adopción del teletrabajo o la semana laboral de cuatro días.

2. Según el grado de originalidad:
   - Innovación incremental: consiste en mejoras pequeñas y continuas de productos ya existentes. Por ejemplo, agregar una cámara a los teléfonos móviles o crear productos *light* para ofrecer opciones más saludables.
   - Innovación radical: implica la creación de productos o conceptos totalmente nuevos que transforman la sociedad. Ejemplos destacados son la invención de internet o el primer avión comercial.

3. Según el público objetivo:
   - Innovación social: busca mejorar el bienestar colectivo, como la creación de plataformas de aprendizaje gratuito en internet.
   - Innovación ambiental: diseña soluciones que protegen el medioambiente, como envases biodegradables.
   - Innovación tecnológica: se enfoca en implementar nuevas tecnologías para mejorar procesos o servicios. Por ejemplo, la banca *online*, que facilita operaciones financieras sin necesidad de acudir físicamente a una sucursal.

La innovación no solo implica actuar, sino también hacerlo con rapidez y decisión. Como bien dice una conocida cita: "La clave de la innovación es levantar el culo y hacer algo. Muchas personas tienen ideas, pero pocas las llevan a cabo. No mañana, no la semana que viene. Hoy".

Para emprender con éxito, es fundamental entender estos tipos de innovación y aplicarlos en la vida cotidiana y en los proyectos futuros.

Teorías de la innovación

La innovación ha sido estudiada desde diversas perspectivas, destacando su impacto en el desarrollo económico, la competitividad empresarial y la adopción de tecnologías. Estas teorías nos ofrecen diferentes enfoques sobre cómo se origina, se adopta y se implementa la innovación. A continuación se desarrollan algunas de las más relevantes:

La Teoría de Schumpeter: innovación y destrucción creativa

Joseph Schumpeter destacó que el progreso económico está impulsado por la innovación, un motor clave que transforma los mercados y reemplaza lo viejo con lo nuevo. En su teoría, los emprendedores son los agentes principales de cambio. Motivados por el beneficio, crean productos, procesos y modelos de negocio más avanzados que satisfacen de manera superior las necesidades de los clientes.

El concepto central de Schumpeter es la destrucción creativa, que describe cómo las innovaciones sustituyen tecnologías anteriores, marcando hitos en la evolución social y económica. Por ejemplo, en la industria de la música, las cintas de casete dieron paso a los CDs, luego a los reproductores MP3 y, más recientemente, a servicios de *streaming* como Spotify. Este proceso no solo introduce mejoras, sino que también impulsa la constante evolución de los mercados.

La Teoría de Drucker: innovación como oportunidad

Peter Drucker ve la innovación como una forma de identificar oportunidades y transformarlas en soluciones que beneficien a los clientes. Según Drucker, la innovación no se basa únicamente en ideas geniales, sino en un esfuerzo continuo y metódico.

Los principios que subraya incluyen:

1. Análisis de oportunidades: identificar problemas o necesidades aún no resueltas.
2. Observación activa: salir al mercado, escuchar a los clientes y entender sus demandas.
3. Foco inicial: comenzar con proyectos pequeños y concretos.
4. Liderazgo en el mercado: buscar siempre una posición destacada en el sector.
5. Trabajo constante: la innovación se construye con dedicación más que con destellos de genialidad.

Drucker aboga por la innovación continua, un proceso esencial para mantener la competitividad y adaptarse a las demandas de un mercado en constante cambio.

La Teoría de la difusión de la innovación de Rogers

Everett Rogers se centró en cómo las innovaciones se difunden a través de la sociedad, identificando diferentes grupos que las adoptan en etapas sucesivas:

1. Innovadores: los primeros en probar nuevas ideas o productos, son visionarios y valientes.
2. Primeros seguidores (*Early adopters*): adoptan las innovaciones una vez que perciben beneficios claros para su negocio o vida.
3. Mayoría precoz: se suman a la adopción cuando un número considerable ya lo ha hecho.

4. Mayoría tardía: reticentes al cambio, solo adoptan lo nuevo cuando es inevitable.

5. Rezagados: prefieren mantener los métodos o tecnologías tradicionales.

Esta teoría explica por qué algunos productos tardan más en ganar popularidad y cómo las estrategias de *marketing* deben adaptarse a los diferentes grupos.

La Teoría de la innovación disruptiva de Christensen

Clayton Christensen introdujo el concepto de innovación disruptiva, que describe cómo nuevas tecnologías o modelos de negocio comienzan en nichos de mercado pequeños y menos rentables, pero eventualmente desplazan a los actores establecidos.

Las empresas suelen centrarse en innovaciones incrementales, enfocándose en sus clientes más rentables. Sin embargo, las innovaciones disruptivas prosperan al atender mercados desatendidos y mejorar progresivamente, convirtiéndose en una amenaza para los grandes competidores. Un ejemplo es Netflix, que comenzó como un servicio de alquiler de DVD y evolucionó para dominar el mercado del streaming, desplazando a gigantes como Blockbuster.

La Teoría de la innovación de Porter: ventaja competitiva

Michael Porter relaciona la innovación con la capacidad de las empresas para obtener y mantener ventajas competitivas en el mercado. Según su visión, la innovación se aplica en tres áreas principales:

1. Diferenciación de productos y servicios: crear ofertas únicas y valiosas. Por ejemplo, Apple se destaca con productos innovadores como el iPhone o el Apple Watch.
2. Procesos de producción más eficientes: reducir costes y mejorar la calidad. Toyota, con su sistema de producción eficiente, es un claro ejemplo.
3. Nuevos modelos de negocio: redefinir cómo se crea y entrega valor. Ikea revolucionó la industria del mueble al permitir que los clientes ensamblen sus propios productos, reduciendo costes significativamente.

Porter resalta que la innovación no es un lujo, sino una necesidad para competir y sobresalir en mercados globalizados y en constante cambio.

Estas teorías subrayan que la innovación es tanto un proceso estratégico como un fenómeno social. Comprenderlas permite a las empresas y a los emprendedores aprovechar las oportunidades, liderar cambios y adaptarse a un mundo dinámico. La clave está en combinar creatividad, análisis y esfuerzo constante para transformar ideas en impacto real.

¿Qué es la digitalización?

La digitalización es el proceso de convertir información en formato analógico, como imágenes, sonidos o texto, en un formato digital que puede ser almacenado, procesado y compartido mediante dispositivos electrónicos (ordenadores, teléfonos móviles, tabletas) y redes de comunicación como internet. Este avance facilita el acceso, la manipulación y la transmisión de datos, transformando la manera en que interactuamos con la información.

Por ejemplo, las fotografías, que en el pasado se conservaban en formato físico, ahora pueden almacenarse y organizarse digitalmente en dispositivos electrónicos, facilitando su acceso y distribución.

El desarrollo de la digitalización ha ido de la mano con la aparición de tecnologías avanzadas que han acelerado su adopción, marcando una revolución en muchos ámbitos de la vida diaria y el mundo empresarial.

A continuación, se describen algunas de estas tendencias clave:

1. Internet de las cosas (IoT): conecta dispositivos entre sí a través de internet, permitiéndoles recopilar y compartir datos en tiempo real. Por ejemplo, coches con GPS integrado que sugieren rutas alternativas basándose en el tráfico o alertan de atascos.

2. Almacenamiento en la nube: este sistema permite guardar información en servidores accesibles desde

cualquier lugar con conexión a internet, facilitando la colaboración y el intercambio de datos en tiempo real. Por ejemplo, un equipo de trabajo puede editar un documento compartido sin necesidad de encontrarse físicamente en el mismo lugar.

3. Big Data y analítica avanzada: hace posible analizar enormes volúmenes de información provenientes de diversas fuentes, como redes sociales y dispositivos conectados, para generar conocimientos útiles. Las empresas pueden predecir comportamientos de consumo, identificando qué, cómo y cuándo los clientes compran.

4. Inteligencia artificial (IA): permite que las máquinas aprendan tareas que normalmente requieren inteligencia humana, optimizando su desempeño gracias al análisis de datos. Por ejemplo, plataformas como Netflix o TikTok analizan las preferencias de los usuarios para recomendar contenidos personalizados.

5. Realidad aumentada (RA) y Realidad virtual (RV): la RA añade elementos digitales al mundo real, mezclando ambos entornos, como los filtros de Instagram que superponen imágenes en nuestras caras. Por otro lado, la RV crea un entorno completamente digital que sustituye al mundo real, como en los videojuegos, donde los usuarios interactúan en escenarios totalmente virtuales.

6. *Blockchain* (cadena de bloques): esta tecnología permite registrar datos de forma segura e inalterable, evitando copias o fraudes. Por ejemplo, las transacciones con criptomonedas, donde no se necesita un intermediario, se llevan a cabo de manera segura gracias a la estructura del *blockchain*.

7. Impresión 3D (fabricación aditiva): la impresión en tres dimensiones posibilita la creación de prototipos, repuestos y productos personalizados con menos materiales y herramientas, reduciendo costes y residuos. Esta tecnología favorece un menor impacto ecológico al optimizar el uso de recursos.

8. Ciberseguridad: a medida que se genera y almacena más información digital, aumenta el riesgo de delitos cibernéticos, como el robo de datos o dinero. La ciberseguridad se ocupa de proteger sistemas, dispositivos y redes para prevenir accesos no autorizados o interrupciones de servicios. Por ejemplo, encriptación de datos, sistemas de identificación de usuarios y actualizaciones automáticas de *software* para cerrar posibles brechas de seguridad.

La digitalización no solo transforma la manera en que almacenamos y compartimos información, sino que también introduce herramientas avanzadas que optimizan procesos en todos los sectores. Estas tecnologías emergentes, desde la inteligencia artificial hasta la ciberseguridad, abren nuevas posibilidades, pero también presentan retos, como garantizar la seguridad de la información en un entorno cada vez más interconectado.

El impacto de la digitalización en la sociedad y en la economía

En los últimos años, estamos siendo testigos de una auténtica revolución digital que está modificando profundamente nuestra forma de vivir, trabajar y relacionarnos. Esta transformación ha generado impactos significativos en diversos aspectos de la sociedad y la economía:

1. Acceso inmediato a la información: la digitalización ha hecho posible que el acceso a datos, noticias y conocimientos sea casi instantáneo. Ahora es posible obtener información desde cualquier lugar y en cualquier momento, lo que ha transformado tanto la manera en que tomamos decisiones como la forma de aprender.

2. Nuevas dinámicas de comunicación: la aparición de herramientas como redes sociales, mensajes instantáneos o el correo electrónico ha revolucionado nuestra forma de comunicarnos. Estas tecnologías han hecho que la interacción sea más rápida y accesible, generando un impacto profundo en las relaciones personales y profesionales.

3. Evolución del entorno laboral: el ámbito laboral también se ha transformado gracias a las nuevas tecnologías, que permiten colaborar de manera remota y eficiente a través de videoconferencias, correos electrónicos y plataformas en la nube. Además, el teletrabajo se ha convertido en una opción viable, facilitando la conciliación entre la vida laboral y familiar.

4. Cambios en la economía: la digitalización ha alterado significativamente el panorama económico, especialmente en lo que respecta a la innovación y los modelos de negocio. Su influencia se manifiesta en tres áreas principales:

   - Innovación en productos: las tecnologías digitales han permitido mejorar los productos existentes y desarrollar otros completamente nuevos. Por ejemplo, los elementos digitales ahora representan una parte considerable del valor de los automóviles modernos.

   - Innovación en procesos: la incorporación de tecnología ha optimizado los procesos productivos, reduciendo costes y tiempos de producción. Un claro ejemplo es Amazon, que gracias a su infraestructura digital puede entregar productos en menos de un día, incluso desde ubicaciones remotas.

   - Innovación en modelos de negocio: la digitalización ha dado lugar a nuevas formas de generar y entregar valor. Negocios como los servicios de coches compartidos (Uber, BlaBlaCar) o plataformas de *streaming* (Netflix, Spotify) han revolucionado sectores tradicionales mediante el uso de tecnologías avanzadas.

La digitalización no solo facilita nuestras actividades diarias, sino que también impulsa la creación de oportunidades y desafíos en todos los ámbitos. Aunque su impacto es evidente en la forma en que accedemos a la información, nos comunicamos y trabajamos, su influencia más destacada está en la economía, donde fomenta la innovación, la eficiencia y la aparición de nuevos modelos de negocio que reconfiguran las reglas del juego global.

Retos de la digitalización en la Economía

La revolución digital ha traído consigo grandes avances y oportunidades, pero también plantea importantes desafíos que la sociedad debe abordar para aprovechar su potencial de manera equitativa y segura. Entre los principales retos destacan:

1. Crecimiento de los delitos digitales: el entorno digital ha generado nuevas formas de criminalidad, como el fraude en línea, el ciberterrorismo, la piratería de contenido y el uso indebido de los datos personales de los usuarios. Estos delitos representan un desafío importante para garantizar la seguridad en un mundo cada vez más interconectado.

2. La vigilancia masiva: empresas tecnológicas como Google o Facebook recopilan enormes cantidades de datos sobre sus usuarios, incluyendo información sobre sus hábitos, ubicaciones, preferencias de consumo e incluso destinos de viaje. Este nivel de control sobre la información personal plantea preocupaciones sobre privacidad y uso ético de los datos.

3. Proliferación de noticias falsas (*fake news*): la digitalización ha hecho más difícil distinguir entre información veraz y contenido engañoso. La sustitución de medios profesionales por plataformas sociales, donde muchos creadores de contenido buscan únicamente captar la atención para obtener ingresos publicitarios, ha contribuido a la propagación de noticias falsas. Esto

ha debilitado la calidad de la información que circula, afectando la toma de decisiones de las personas.

4. Cambios en las competencias laborales: el avance tecnológico exige que los trabajadores se adapten continuamente a las nuevas herramientas digitales. Aquellos que no actualicen sus habilidades corren el riesgo de quedar desplazados en el mercado laboral, aumentando las dificultades para acceder a empleos de calidad.

5. Brecha digital y desigualdad: la digitalización puede profundizar las desigualdades sociales al excluir a quienes no tienen acceso a tecnologías digitales. Esto incluye a personas en comunidades con recursos limitados, quienes quedan fuera de muchas oportunidades de formación, empleo y comunicación que ofrece el mundo digital.

A medida que la economía digital continúa evolucionando, es crucial que gobiernos, empresas y ciudadanos trabajen en conjunto para abordar estos retos. La regulación de la privacidad, la mejora de la ciberseguridad, la lucha contra las noticias falsas y la inversión en capacitación digital serán fundamentales para construir una sociedad más inclusiva y segura en esta nueva era tecnológica.

El lienzo de modelo de negocio y de gestión

El modelo Canvas

¿Cómo crees que una marca emergente podría adaptar los bloques del modelo de negocio de Nespresso para diferenciarse y competir en un mercado saturado como el del café, manteniendo su autenticidad y sostenibilidad?

El lienzo de modelo de negocio, conocido como *Business Model Canvas,* es una herramienta estratégica diseñada para visualizar, desarrollar y optimizar un modelo de negocio de manera estructurada y sencilla. Fue creado por Alexander Osterwalder y permite representar en un formato gráfico todos los elementos clave de una empresa y sus interacciones, facilitando el análisis y la toma de decisiones. A continuación, explicamos cada uno de sus bloques utilizando el ejemplo de Nespresso y su asociación con George Clooney para ilustrar su funcionamiento:

1. Segmentos de clientes. Identifica los diferentes grupos de personas u organizaciones a los que la empresa desea servir. Nespresso se enfoca en consumidores que valoran el café de alta calidad y buscan comodidad y estilo. Sus segmentos principales incluyen profesionales

de clase media–alta, amantes del café y empresas que desean ofrecer café *premium* en sus oficinas.

2. Propuesta de valor. Representa los productos o servicios que crean valor para los clientes. La propuesta de Nespresso combina café de alta calidad con un sistema innovador y fácil de usar. A esto se suma una imagen de lujo, reforzada por la asociación con George Clooney, que transmite exclusividad y sofisticación.

3. Canales. Describe cómo la empresa entrega sus productos o servicios a los clientes. Nespresso distribuye sus productos a través de tiendas exclusivas, su plataforma en línea y minoristas seleccionados. También utilizan sus máquinas como canal de entrada para la venta recurrente de cápsulas.

4. Relaciones con clientes. Detalla cómo la empresa interactúa con sus clientes para mantenerlos satisfechos. Ofrecen una experiencia personalizada a través del Club Nespresso, que incluye soporte dedicado, ofertas exclusivas y servicios como entrega rápida de cápsulas. Las tiendas físicas también proporcionan un ambiente único que refuerza su identidad *premium*.

5. Fuentes de ingresos. Explica de dónde provienen los ingresos de la empresa. Nespresso genera ingresos principalmente de la venta de máquinas de café y, más significativamente, de las cápsulas. Este último se basa en el modelo de "cebo y anzuelo", donde las cápsulas generan ingresos recurrentes.

6. Recursos clave. Identifica los activos esenciales necesarios para que el modelo de negocio funcione, como empleados calificados, tecnología, instalaciones o patentes. Los recursos esenciales de Nespresso incluyen

su tecnología patentada de cápsulas, relaciones con productores de café de alta calidad, su marca fuerte (apoyada por George Clooney) y una red de distribución eficiente.

7. Actividades clave. Detalla las acciones principales que la empresa debe llevar a cabo para operar con éxito. Entre sus actividades clave están el diseño y producción de máquinas y cápsulas, campañas de *marketing* para mantener su imagen *premium* y la gestión de relaciones con clientes y proveedores.

8. Asociaciones clave. Enumera las alianzas o colaboraciones necesarias para que el negocio funcione, como proveedores, distribuidores o socios estratégicos. Nespresso colabora con productores de café para asegurar estándares de calidad y sostenibilidad. También establece asociaciones estratégicas con minoristas, fabricantes de máquinas y, notablemente, con George Clooney, quien refuerza su marca y su impacto mediático.

9. Estructura de costes. Describe los costos más importantes asociados con la operación del modelo de negocio, como gastos en personal, infraestructura o adquisición de clientes. Los principales costos de Nespresso incluyen investigación y desarrollo de tecnología, campañas de *marketing,* fabricación de máquinas y cápsulas, y mantenimiento de tiendas y plataformas de *e-commerce.*

 Reflexiona acerca de cómo podrían las marcas emergentes aprovechar un modelo de negocio similar al de Nespresso para competir en mercados dominados por grandes empresas, como el del café.

Estudio de caso:
IKEA: diseño accesible para todos

IKEA es una multinacional que ofrece muebles y accesorios de diseño moderno a precios asequibles, con un enfoque en la experiencia del cliente y la sostenibilidad.

1. Segmentos de clientes
   - Familias y jóvenes que buscan muebles asequibles y funcionales.
   - Personas interesadas en diseños modernos y personalizables.
   - Clientes que prefieren una experiencia "hazlo tú mismo" y soluciones prácticas.
2. Propuesta de valor
   - Muebles y accesorios de diseño atractivo a precios asequibles.
   - Experiencia integral: exposición en tienda, cafetería y área infantil.
   - Opciones sostenibles: productos hechos con materiales reciclados y certificados.
3. Canales
   - Tiendas físicas diseñadas como exposiciones interactivas.
   - Plataforma *online* para compras, ideas y planificadores de diseño.
   - Catálogo impreso y digital como herramienta de inspiración.
4. Relaciones con clientes
   - Autoservicio guiado en tiendas, apoyado por asistentes.

- Atención postventa, incluyendo soporte de montaje y devoluciones.
- Comunicación constante a través de campañas inspiradoras y personalizadas.
5. Fuentes de ingresos
   - Venta de muebles, accesorios y productos complementarios.
   - Servicios adicionales: montaje, entrega a domicilio y planificación de espacios.
   - Venta de alimentos en sus cafeterías, que también refuerza la experiencia de marca.
6. Recursos clave
   - Diseño eficiente y exclusivo que reduce costes de producción.
   - Una red de proveedores global que permite escalabilidad.
   - Centros logísticos y un sistema de empaques planos para optimizar distribución.
7. Actividades clave
   - Innovación en diseño de productos y optimización de costes.
   - Gestión de tiendas y canales de venta *online*.
   - *Marketing* inspirador y cuidado de la experiencia del cliente.
8. Socios clave
   - Proveedores de materiales sostenibles y de bajo coste.
   - Empresas de transporte para logística y distribución.
   - Organizaciones que promueven la sostenibilidad.

9. Estructura de costes
   - Investigación y desarrollo en diseño y materiales.
   - Producción y distribución a gran escala.
   - Operación de tiendas físicas y plataformas digitales.

Patrones de modelos de negocio

¿De qué manera crees que los patrones de modelo de negocio pueden ayudar a las empresas a innovar y adaptarse a los cambios del mercado, manteniendo su ventaja competitiva?

Los patrones de modelo de negocio son estructuras o estrategias recurrentes que las empresas utilizan para crear, entregar y capturar valor. Estos patrones permiten entender cómo se organizan y operan los negocios exitosos en diversos sectores.

A continuación, se describen algunos de los más importantes:

• Gratis (*freemium*). Este modelo se basa en ofrecer servicios o productos sin costo directo para los usuarios principales. El negocio genera ingresos a través de otros medios, como publicidad o usuarios *premium*. Por ejemplo, plataformas como Spotify ofrecen acceso gratuito con anuncios, mientras que una suscripción paga elimina la publicidad y agrega funciones exclusivas. Este patrón atrae a una gran base de usuarios al reducir la barrera de entrada.

- *Long tail.* Este modelo se enfoca en vender una amplia variedad de productos en pequeñas cantidades, en lugar de centrarse solo en unos pocos productos populares. Se apoya en plataformas digitales que permiten a los consumidores encontrar artículos especializados o de nicho. Por ejemplo, Amazon y Netflix aprovechan este patrón al ofrecer catálogos extensos que incluyen tanto éxitos masivos como opciones poco comunes.

- Multiplataforma. Este patrón conecta a dos o más grupos de usuarios interdependientes en una misma plataforma. Los ingresos provienen de las interacciones entre estos grupos. por ejemplo, Uber conecta a conductores y pasajeros, generando ingresos al cobrar una tarifa por cada viaje gestionado a través de su aplicación. Este modelo destaca por su capacidad de escalar rápidamente gracias a su enfoque en facilitar las conexiones.

- Cebo y anzuelo. Este modelo se basa en vender un producto principal (cebo) a un precio bajo o incluso regalado, para luego generar ingresos continuos a través de consumibles o servicios complementarios (anzuelo). Por ejemplo, las impresoras de bajo costo dependen de la venta continua de cartuchos de tinta.

- *Eyeballs.* Este modelo se centra en atraer la mayor cantidad de usuarios o tráfico a una plataforma para luego monetizar esa audiencia a través de publicidad o asociaciones. Por ejemplo, Facebook y TikTok son gratuitas para los usuarios, pero obtienen ingresos mediante anuncios dirigidos y acuerdos con marcas.

Además de los anteriores, destacan otros patrones significativos:

- Suscripción: los clientes pagan regularmente por acceso continuo a productos o servicios, como ocurre con Spotify o Amazon Prime.

- Franquicia: una empresa permite a terceros operar bajo su nombre y modelo de negocio, como Starbucks.

- Efecto red: el valor de un producto o servicio aumenta a medida que más personas lo usan, como sucede con WhatsApp o LinkedIn.

- *Crowdsourcing:* las empresas aprovechan el conocimiento o la colaboración de una comunidad amplia para desarrollar productos o servicios, como Wikipedia o Waze

- Productos virtuales: este modelo se basa en la venta de bienes intangibles que existen solo en entornos digitales, como *skins* en videojuegos, NFT o monedas virtuales. Por ejemplo, Fortnite genera ingresos mediante la venta de atuendos personalizados para los avatares de los jugadores, aunque el juego es gratuito.

- Artesano: este modelo está centrado en la creación de productos hechos a mano o en pequeños lotes, con un enfoque en la calidad, la personalización y la autenticidad. por ejemplo, Etsy es una plataforma donde los creadores independientes venden productos únicos como joyas, ropa o decoración.

- *Peer-to-peer* (P2P): facilita la interacción directa entre individuos para compartir recursos, bienes o servicios, eliminando intermediarios tradicionales. Por ejemplo, BlaBlaCar conecta a conductores con pasajeros para compartir viajes, mientras plataformas como Airbnb permiten a los usuarios alquilar sus propiedades directamente a otras personas.

Estos patrones no son excluyentes y muchas empresas combinan varios para optimizar sus resultados y adaptarse a las necesidades del mercado.

 Reflexiona sobre qué patrón de modelo de negocio es el de WhatsApp. ¿Qué ocurriría si WhatsApp no fuera gratis?

El punto de vista de los clientes

El mapa de empatía

Un mapa de empatía es una herramienta visual que permite comprender a fondo a nuestro cliente ideal, explorando sus pensamientos, emociones, motivaciones y comportamientos. Su objetivo es ponernos en el lugar del cliente para identificar sus verdaderas necesidades y problemas, así como lo que experimenta en su interacción con el entorno. Esta perspectiva nos ayuda a diseñar productos o servicios más ajustados a sus expectativas, entendiendo que los clientes no compran productos, sino soluciones a sus problemas o formas de satisfacer sus necesidades.

El mapa de empatía ofrece una visión integral del problema del cliente y su contexto, lo que facilita mejoras en la propuesta de valor. Para elaborarlo, es esencial realizar una investigación previa que permita identificar las características del cliente ideal. Esta investigación se puede desarrollar mediante entrevistas, encuestas, experimentos u otras técnicas que permitan recopilar datos relevantes.

La información obtenida se organiza en seis áreas o cuadrantes:

- Qué piensa y qué siente: refleja las emociones, deseos, preocupaciones, miedos y necesidades del cliente en relación con el problema.

- Qué dice y qué hace: explora cómo el cliente se comporta frente al problema y lo que verbaliza sobre él, incluyendo sus acciones y comentarios hacia otros.

- Qué ve: analiza el entorno visual del cliente, incluyendo lo que observa en su vida cotidiana, las soluciones que utilizan sus amigos o las propuestas de la competencia.

- Qué oye: examina las influencias auditivas del cliente, como las opiniones de amigos, familia o redes sociales, y cómo estas moldean su percepción del problema.

- Dolores: identifica los obstáculos, frustraciones y barreras que impiden al cliente alcanzar sus objetivos o resolver su problema.

- Ganancias: define los beneficios, logros o mejoras que el cliente espera obtener al solucionar su problema, destacando el valor que busca añadir a su vida.

Con los datos clasificados, se construye un mapa visual, generalmente representado con un círculo central que simboliza al cliente y seis áreas alrededor que corresponden a cada cuadrante. En cada área se incluyen notas, palabras clave o frases que sintetizan la información. Estas anotaciones se pueden organizar mediante *post-it* o directamente sobre el mapa, creando una representación clara y accesible que ayude a visualizar las necesidades y aspiraciones del cliente.

Este proceso no solo permite entender mejor a los clientes, sino que también facilita la comunicación dentro del equipo, alineando esfuerzos hacia soluciones más efectivas y centradas en el usuario.

Segmentar, humanizar, empatizar, validar

El mapa de empatía es una herramienta poderosa para comprender a fondo a nuestro cliente ideal. A través de procesos como segmentar, humanizar, empatizar y validar, es posible construir una representación precisa de las necesidades, emociones y comportamientos de los usuarios. Estas etapas son fundamentales para garantizar que el mapa sea una guía efectiva en la toma de decisiones y en la mejora de productos o servicios.

- Segmentar. Consiste en dividir a los clientes en grupos con características similares. Esto permite enfocarse en un perfil específico al construir el mapa de empatía, facilitando la recopilación de información relevante y precisa. Una segmentación adecuada asegura que los datos reflejen las necesidades reales de un grupo definido de usuarios.
- Humanizar. Este proceso ayuda a ver a los clientes como personas completas, con emociones, aspiraciones y problemas únicos. En el mapa de empatía, humanizar significa captar estas características, transformando los datos en información rica que permita crear soluciones

que realmente conecten con la vida y experiencias del cliente.

- Empatizar. Implica ponerse en el lugar del cliente para entender sus sentimientos, puntos de vista y barreras. Al llenar el mapa de empatía, empatizar es esencial para reflejar con precisión lo que el cliente piensa, siente, ve y escucha, lo que ayuda a generar un entendimiento profundo de sus necesidades.

- Validar. Este paso confirma que las suposiciones e información obtenida son correctas y útiles. En el contexto del mapa de empatía, validar se realiza mediante la comparación de los datos recopilados en entrevistas, encuestas u observaciones con la realidad del cliente, asegurando que el mapa refleja de manera fidedigna sus experiencias.

El proceso de segmentar, humanizar, empatizar y validar en la creación de un mapa de empatía garantiza que este sea una herramienta efectiva y centrada en el usuario. Cada etapa contribuye a profundizar en el conocimiento del cliente ideal, ayudando a diseñar productos, servicios y estrategias que realmente respondan a sus necesidades. Este enfoque estructurado refuerza la conexión entre las empresas y sus usuarios, fomentando soluciones más relevantes e impactantes.

Estudio de caso: Cines Yelmo

El mapa de empatía es una herramienta que permite a las empresas como Yelmo Cines comprender mejor a sus clientes y adaptar su oferta a sus necesidades y expectativas. Analizar las experiencias de los usuarios de las salas Luxury y Junior ayuda a identificar qué valoran, cuáles son sus preocupaciones y cómo perciben estas propuestas de entretenimiento. Este enfoque centrado en el cliente permite mejorar el servicio y diferenciarse en el mercado.

Mapa de empatía para usuarios de Yelmo Luxury:

• Qué piensa y qué siente. Los usuarios de las salas Luxury buscan exclusividad y comodidad. Valoran la experiencia *premium,* como butacas reclinables y servicio a la carta, y quieren desconectar del estrés diario. Su preocupación podría ser que el precio elevado no se justifique con la calidad del servicio.
• Qué dice y qué hace. Comentan su experiencia en redes sociales, destacando la comodidad de las butacas o la calidad de la comida. Suelen recomendar estas salas para ocasiones especiales, como citas o eventos familiares.
• Qué ve. Observan un entorno cuidado, con decoración elegante y un ambiente más íntimo que el de las salas tradicionales. También ven competencia en otras cadenas de cine o plataformas de *streaming* con experiencias exclusivas.
• Qué oye. Escuchan comentarios de amigos o familiares que resaltan la exclusividad, pero también las críticas

sobre el coste. Las promociones y la publicidad destacan la experiencia de lujo como un atractivo principal.

- Dolores. Se sienten frustrados si el servicio no está a la altura del precio, como retrasos en los pedidos o ruidos que interrumpen la experiencia. También pueden sentirse insatisfechos si la selección de películas no se ajusta a sus expectativas.
- Ganancias. Quieren una experiencia cómoda, sin interrupciones, que les haga sentir especiales. Valoran el ambiente exclusivo y el servicio personalizado que mejora su experiencia de ocio.

Mapa de empatía para usuarios de Yelmo Junior:

- Qué piensa y qué siente. Los padres buscan un espacio seguro y atractivo para que sus hijos disfruten del cine mientras ellos también tienen una experiencia positiva. Los niños desean diversión y un entorno interactivo que combine entretenimiento con comodidad.
- Qué dice y qué hace. Los padres comentan la experiencia en blogs de familia y grupos de redes sociales, destacando si fue adecuado para niños. Los niños, por su parte, mencionan el diseño lúdico de la sala y las actividades especiales.
- Qué ve. Los padres ven un espacio diseñado especialmente para niños, con colores vivos, áreas de juego y películas adecuadas para su edad. Los niños perciben un lugar divertido y diferente al de un cine tradicional.
- Qué oye. Los padres reciben recomendaciones de otros padres sobre la seguridad y el ambiente amigable para

niños. Los niños escuchan a sus amigos hablar sobre las películas y las actividades en estas salas.

- Dolores. Los padres se frustran si la experiencia no es lo suficientemente segura o si los niños se aburren. También pueden estar preocupados por precios altos o por dificultades para gestionar a los niños en el entorno.
- Ganancias. Los padres buscan tranquilidad y la garantía de que sus hijos disfruten en un entorno adecuado. Los niños desean entretenimiento emocionante y memorable que combine el cine con el juego.

El análisis del mapa de empatía de las salas Luxury y Junior de Yelmo Cines proporciona una visión profunda de las expectativas y necesidades de diferentes públicos. Para los usuarios de Luxury, se destaca la importancia de la comodidad y exclusividad, mientras que para los usuarios de Junior, la seguridad y el entretenimiento infantil son claves.

Este enfoque ayuda a Yelmo a mejorar sus servicios y garantizar que cada experiencia esté alineada con las expectativas de sus clientes, fomentando su fidelidad y atrayendo nuevos públicos.

¿Cómo puede el uso del mapa de empatía ayudar a una empresa a entender mejor las necesidades y expectativas de sus clientes para diseñar experiencias más personalizadas y satisfactorias?

La creatividad aplicada al diseño de modelo de negocio y de gestión

El proceso creativo

Introducción

La creatividad es la habilidad para generar ideas nuevas o transformar las existentes desde una perspectiva diferente, con el objetivo de encontrar soluciones innovadoras a los problemas. Aunque muchas personas creen que la creatividad es una cualidad innata, la realidad es que puede entrenarse y desarrollarse.

Este proceso implica conocer y practicar el pensamiento creativo y entender cómo superar las barreras que lo limitan.

El proceso creativo consta de varias etapas que guían la generación y desarrollo de ideas:

- Inspiración. Es el punto de partida para generar nuevas ideas. Surge de la observación, la investigación o la reflexión, y se caracteriza por la libertad de pensamiento. Es importante comprender que la inspiración no es un fenómeno espontáneo; requiere esfuerzo y trabajo.

- Incubación. En esta fase, el cerebro procesa la información recogida previamente, ya sea de manera activa o pasiva. Aunque puede parecer un periodo de estancamiento, es fundamental permitir que las ideas maduren a su ritmo, incluso desconectando momentáneamente del problema.
- Iluminación. Este es el momento en que surge la solución de forma clara, el conocido "momento eureka". A menudo ocurre después de un periodo de incubación en el que se ha permitido al cerebro trabajar en segundo plano.
- Evaluación. Aquí se analiza la viabilidad de las ideas generadas. Es una fase más racional en la que se filtran las propuestas y se seleccionan las más prácticas y factibles.
- Elaboración y comunicación. Finalmente, la idea se transforma en algo tangible y se comunica a los demás, culminando el proceso creativo con un resultado concreto.

Convergencia y divergencia

El pensamiento divergente o lateral, propuesto por el psicólogo estadounidense Paul Guilford, es una forma de abordar problemas o situaciones que fomenta la generación de múltiples ideas creativas y novedosas, en lugar de limitarse a una única solución lógica o convencional. Guilford lo definió como una de las principales habilidades dentro del campo de la creatividad, distinguiéndolo del pensamiento convergente, que busca respuestas únicas y precisas a problemas específicos.

Vamos a verlo con un ejemplo práctico: imagina que tienes una hoja de papel. El pensamiento convergente te lleva a pensar en su uso principal: escribir o dibujar. Sin embargo, el pensamiento divergente te anima a explorar posibilidades como:

• Hacer una figura de origami.
• Crear un filtro para colar café.
• Usarlo como sombrero improvisado bajo la lluvia.

El enfoque divergente fomenta soluciones creativas que pueden ser útiles en diversas áreas, desde el arte hasta la resolución de problemas empresariales o sociales. Sus características son:

• Genera muchas ideas: se centra en la cantidad, sin importar la viabilidad inicial.
• Fomenta la creatividad: explora caminos poco convencionales o alternativos.
• Acepta ideas inesperadas: da valor a conceptos que inicialmente parecen ilógicos o poco prácticos.
• Es abierto y expansivo: invita a pensar "fuera de la caja" y a desafiar las normas.

El pensamiento convergente, por el contrario, es lógico, analítico y selectivo. Busca sintetizar información y elegir la mejor solución entre varias opciones. Es más estructurado y orientado a resolver problemas con respuestas específicas.

Sus características son:

- Filtra y selecciona: evalúa ideas según criterios de viabilidad, utilidad o impacto.
- Es lógico y crítico: se apoya en datos y razonamientos.
- Busca soluciones específicas: llega a respuestas concretas y prácticas.
- Es cerrado y enfocado: se centra en encontrar "la mejor" opción.

Si alguien pregunta cómo mejorar un parque público, el pensamiento convergente evaluará las ideas generadas por el pensamiento divergente, eligiendo: ampliar la zona infantil, ya que es la más utilizada según las encuestas; instalar luces solares para ahorrar energía.

El pensamiento divergente y el pensamiento convergente son dos formas complementarias de abordar problemas y generar soluciones. Aunque tienen enfoques opuestos, ambos son necesarios para un proceso creativo y eficaz. El pensamiento divergente aporta innovación y creatividad, mientras que el pensamiento convergente asegura viabilidad y precisión. Usarlos de manera equilibrada permite abordar problemas complejos de manera integral, desde la generación de ideas hasta su implementación efectiva.

Metodología creativa para la innovación en economía y negocios

En el ámbito de la economía y el emprendimiento, estos conceptos son fundamentales para desarrollar soluciones innovadoras y diseñar modelos de negocio exitosos. La interacción entre ellos permite integrar diversas perspectivas, explorar oportunidades y llevar ideas a la práctica de manera efectiva.

Un equipo heterogéneo es clave para fomentar la creatividad y la innovación, ya que combina diferentes habilidades, conocimientos y experiencias. En economía, este enfoque es esencial para abordar problemas complejos desde múltiples ángulos. Por ejemplo, al diseñar un modelo de negocio, un equipo formado por especialistas en *marketing*, finanzas, tecnología y recursos humanos puede identificar oportunidades en el mercado, analizar la viabilidad financiera, incorporar herramientas digitales y proponer estrategias de gestión del talento. La diversidad no solo en disciplinas, sino también en contextos culturales y experiencias personales, amplía el espectro de soluciones posibles.

La inmersión es el proceso de investigación profunda en el problema o necesidad que se quiere resolver. En economía, esta etapa implica recopilar datos del mercado, identificar tendencias y comprender las demandas de los consumidores. Por ejemplo, en un proyecto para desarrollar una nueva línea de productos, la inmersión podría incluir análisis de encuestas de consumidores, estudios sectoriales y observación directa del comportamiento de compra. Este análisis permite definir claramente los problemas económicos y sociales que se deben resolver.

La expansión consiste en generar una amplia gama de ideas basadas en la información obtenida durante la inmersión. En economía, esta etapa se relaciona con el pensamiento divergente, explorando múltiples posibilidades para satisfacer las necesidades del mercado o resolver un problema. En un equipo que trabaja en un modelo de negocio, la expansión podría incluir sesiones de *brainstorming* para identificar nuevas propuestas de valor, canales de distribución o estrategias de ingresos que aún no han sido exploradas.

La selección de criterios es el momento de filtrar las ideas generadas en la etapa de expansión, evaluando su viabilidad y alineación con los objetivos económicos. Este paso se vincula con el pensamiento convergente, donde se establecen indicadores clave como costes, impacto, tiempo de implementación o retorno de inversión. En un modelo de negocio, por ejemplo, los criterios pueden incluir la escalabilidad del producto, el tamaño del mercado objetivo o la ventaja competitiva respecto a la competencia.

La creación de prototipos es el proceso de materializar las ideas seleccionadas en un formato tangible o funcional. En economía, esto podría implicar diseñar un prototipo de producto, una versión piloto de un servicio o un esquema financiero preliminar. Por ejemplo, un equipo que desarrolla un modelo de negocio para una aplicación de economía colaborativa podría crear una versión básica de la plataforma para probarla con un grupo reducido de usuarios. Los prototipos permiten recoger *feedback* real del mercado antes de realizar una inversión mayor.

La combinación de un equipo heterogéneo, inmersión, expansión, selección de criterios y creación de prototipos es una metodología poderosa para resolver problemas económicos y emprender con éxito. Al integrar perspectivas diversas, investigar en profundidad, generar ideas amplias, filtrarlas con base en objetivos concretos y probarlas mediante prototipos, se crea un proceso estructurado que impulsa la innovación y reduce riesgos, alineando las propuestas con las demandas del mercado y los objetivos empresariales.

Bloqueos a la creatividad

A menudo, las personas enfrentan barreras que limitan su capacidad creativa. Estos bloqueos pueden clasificarse en tres tipos:

- Bloqueos emocionales: son autolimitaciones como el miedo al fracaso, la inseguridad o la intolerancia a la crítica, que dificultan la expresión de ideas.
- Bloqueos de lógica: surgen cuando se tiende a buscar soluciones estrictamente racionales, sin explorar enfoques alternativos o creativos.
- Bloqueos culturales: provienen de normas sociales o creencias adquiridas que condicionan lo que se considera aceptable, restringiendo la libertad para pensar de manera diferente.

Epicentros de la innovación

Los epicentros de la innovación son puntos clave donde convergen ideas, recursos y esfuerzos para generar avances significativos en distintos campos, especialmente en economía y negocios. Estos espacios no solo catalizan el desarrollo de soluciones innovadoras, sino que también promueven la colaboración, la creatividad y la implementación de nuevas tecnologías o modelos de negocio. Los epicentros pueden tomar diversas formas, desde ecosistemas tecnológicos hasta *hubs* empresariales, laboratorios de innovación o comunidades creativas.

Un epicentro de innovación se caracteriza por reunir tres elementos esenciales: talento humano, recursos y conectividad. El talento humano es el motor de las ideas y las soluciones; se compone de profesionales, emprendedores, investigadores y creativos que trabajan en conjunto para abordar desafíos. Los recursos incluyen financiamiento, infraestructura y herramientas tecnológicas que posibilitan el desarrollo de proyectos. La conectividad asegura la interacción entre diferentes actores, fomentando el intercambio de conocimientos y la sinergia entre sectores.

En la economía, los epicentros de innovación tienen un impacto transformador. Actúan como motores de desarrollo regional y global, atrayendo inversiones y creando empleos de alta cualificación. Además, permiten a las empresas y emprendedores experimentar con nuevas ideas, validar conceptos y escalar sus propuestas al mercado. Ejemplos de estos epicentros incluyen Silicon Valley en

Estados Unidos, un referente en tecnología y emprendimiento, y los centros de innovación en países como China o Alemania, que combinan investigación avanzada con aplicaciones industriales.

Estos epicentros también fomentan una cultura de innovación abierta, donde empresas, universidades y organismos públicos colaboran para resolver problemas complejos. Por ejemplo, en un *hub* de innovación, una *startup* puede trabajar junto a investigadores académicos para desarrollar una solución tecnológica, mientras recibe apoyo financiero de una institución gubernamental.

Para maximizar su potencial, un epicentro de innovación necesita un entorno favorable que estimule el emprendimiento, como marcos regulatorios flexibles, incentivos fiscales y acceso a mercados internacionales. Además, la diversidad cultural y profesional dentro de estos espacios enriquece el proceso de innovación, permitiendo el surgimiento de soluciones más inclusivas y adaptadas a diferentes contextos.

Los epicentros de la innovación son fundamentales para el avance económico y social, ya que generan ideas disruptivas, impulsan el crecimiento empresarial y transforman industrias completas. Estos puntos de encuentro entre talento, recursos y colaboración son una fuente inagotable de creatividad y progreso, esenciales para enfrentar los retos del futuro y aprovechar las oportunidades en un mundo en constante cambio.

Técnicas para generar ideas de negocio

Preguntas del tipo "¿Y si...?"

Esta técnica se utiliza para romper patrones de pensamiento habituales. Consiste en formular preguntas abiertas que desafían las suposiciones establecidas, abriendo la puerta a ideas innovadoras y disruptivas.

Estas preguntas suelen parecer poco realistas al principio, pero es precisamente su enfoque fuera de lo convencional lo que estimula la creatividad. Sus características principales son:

- Permiten explorar escenarios alternativos.
- Obligan a considerar posibilidades fuera de la norma.
- Fomentan una mentalidad abierta y sin prejuicios.

Por ejemplo, imaginemos que se busca innovar en el sector del transporte:

- ¿Y si los coches no necesitaran conductor?
- ¿Y si los autobuses fueran gratuitos?
- ¿Y si las bicicletas pudieran cargarse con energía solar?

Con estas preguntas, surgen ideas que podrían dar lugar a coches autónomos, subsidios al transporte público o bicicletas con paneles solares integrados.

Técnica SCAMPER

La técnica SCAMPER (por sus siglas en inglés: *Substitute, Combine, Adapt, Modify, Put to another use, Eliminate, Rearrange*) se enfoca en repensar productos, servicios o procesos existentes para encontrar mejoras o aplicaciones innovadoras. Se desarrolla en diferentes fases:

- Sustituir (*Substitute*): cambiar un elemento por otro. Por ejemplo: ¿Qué pasaría si en lugar de plástico usáramos materiales biodegradables en los envases?
- Combinar (*Combine*): unir elementos, funciones o ideas. Por ejemplo: ¿Qué si una botella de agua tuviera un filtro integrado?
- Adaptar (*Adapt*): ajustar algo para un nuevo uso o público. Por ejemplo: ¿Cómo adaptar un sistema de videojuegos educativos para adultos mayores?
- Modificar (*Modify*): cambiar tamaño, forma, color o características. Por ejemplo: ¿Qué si un coche eléctrico fuera más pequeño para ciudades congestionadas?
- Proponer otros usos (*Put to another use*): usar algo para un propósito diferente. Por ejemplo: ¿Qué si las redes sociales se convirtieran en plataformas de educación?
- Eliminar (*Eliminate*): quitar partes innecesarias para simplificar. Por ejemplo: ¿Qué pasaría si eliminamos el uso de efectivo en tiendas?
- Reorganizar (*Rearrange*): cambiar el orden, el diseño o el proceso. Por ejemplo: ¿Cómo funcionaría un supermercado sin cajas registradoras?

Modificación de productos existentes

Esta técnica parte de la observación y análisis de productos actuales para introducir cambios que añadan valor, sean funcionales o meramente estéticos.

El proceso es el siguiente:

• Identificar el producto o servicio existente.
• Analizar sus características actuales: funcionalidad, diseño, materiales.
• Imaginar cambios que puedan optimizarlo: simplificar procesos, añadir funciones, rediseñar el formato.

Vamos a verlo con un ejemplo: producto: un paraguas. Modificación: crear un paraguas con paneles solares para cargar dispositivos mientras llueve.

Pensamiento lateral para cuestionar el *statu quo*

Consiste en replantear lo que damos por sentado sobre un problema o situación. Edward de Bono, creador del pensamiento lateral, defendía la importancia de cuestionar reglas y explorar enfoques que no siguen las vías tradicionales. La dinámica es la siguiente:

• Identifica un supuesto común sobre un producto o sistema. Por ejemplo, Un restaurante necesita camareros para atender a los clientes.

- Cuestiona esa idea con preguntas provocadoras: ¿Qué pasaría si los clientes se atendieran solos? ¿Qué si los pedidos se hicieran por una *app* antes de llegar al restaurante?
- Desarrolla ideas innovadoras basadas en las respuestas.

El resultado supone que podría surgir un modelo de restaurante completamente automatizado.

Brainstorming

El *brainstorming*, o lluvia de ideas, es una herramienta clave para estimular la creatividad y encontrar respuestas innovadoras a problemas o desafíos. Durante este proceso, los miembros de un equipo comparten libremente todas las ideas que se les ocurren en un periodo breve, normalmente entre 10 y 15 minutos.

El objetivo principal es producir la mayor cantidad de ideas posibles, priorizando la cantidad sobre la calidad inicial. Por ello, una de las reglas fundamentales de esta técnica es evitar cualquier tipo de crítica o juicio durante la generación de ideas. Esto garantiza un ambiente de confianza y permite que los participantes se sientan libres para proponer incluso las ideas más inusuales o audaces.

A medida que los participantes comparten sus ideas, estas se anotan en una pizarra o en un lugar visible para todos. Este enfoque visual ayuda a que las propuestas de unos sirvan de inspiración para otros, generando una dinámica de colaboración y enriquecimiento colectivo.

Es importante mantener un ritmo rápido y fluido para aprovechar al máximo la creatividad del grupo.

Una vez que termina la fase de generación de ideas, comienza el proceso de evaluación. En esta etapa, se analizan las propuestas recogidas, identificando cuáles son más viables, innovadoras o relevantes para el problema planteado. Este análisis debe realizarse solo después de finalizar la lluvia de ideas, ya que la crítica prematura podría inhibir la creatividad de los participantes y limitar la cantidad de propuestas generadas.

El *brainstorming* es una herramienta efectiva para desbloquear el potencial creativo de los equipos, fomentar la colaboración y descubrir soluciones originales que podrían no surgir en un entorno más estructurado o crítico.

Método 635

Un grupo de 6 personas debe generar ideas para solucionar un problema en una dinámica estructurada. Cada participante escribe inicialmente 3 ideas en un folio, contando con un tiempo límite de 5 minutos. Una vez finalizada esta primera ronda, el folio se pasa al compañero que está a la derecha. Este nuevo participante lee las ideas previamente escritas y añade 3 propuestas más, también en un plazo de 5 minutos. Las ideas agregadas deben ser completamente nuevas, aunque pueden estar inspiradas en las anotaciones previas.

El proceso se repite hasta que cada participante haya contribuido en los folios de todos los demás. Al finalizar, cada persona habrá generado un total de 18 ideas, y el grupo en conjunto habrá producido 108 ideas en tan solo 30 minutos, aprovechando la colaboración e inspiración colectiva.

4×4×4

Cada miembro del equipo debe escribir cuatro ideas sobre el tema seleccionado. Luego, se forman parejas, y se escogen o escriben cuatro ideas basadas en las anteriores. Después, se forman grupos de cuatro personas, y se repite el proceso. Al final, el grupo entero habrá seleccionado cuatro ideas.

Técnicas para evaluar ideas

Los cinco porqués

La técnica de los cinco porqués se basa en hacer la pregunta "¿por qué?" de forma repetitiva, generalmente cinco veces, hasta llegar a la raíz de un problema o a una nueva perspectiva. Este enfoque obliga a cuestionar supuestos, reflexionar profundamente y generar ideas creativas para abordar la causa fundamental de un desafío. Pasos para aplicar la técnica:

- Definir el problema o desafío inicial. Identificar claramente lo que se quiere analizar. Ejemplo: "Los clientes se quejan del servicio de nuestra tienda *online*".

- Formular la primera pregunta: "¿Por qué ocurre esto?" Responder de manera honesta y específica. Ejemplo: "Porque los pedidos llegan tarde".
- Continuar con la pregunta: "¿Por qué ocurre eso?". Repetir el proceso hasta llegar al quinto "¿Por qué?" o hasta encontrar una causa raíz significativa. Vamos a ilustrarlo con un ejemplo:
  - "¿Por qué los pedidos llegan tarde?" "Porque hay problemas en la logística de entrega".
  - "¿Por qué hay problemas en la logística?" "Porque no tenemos suficiente personal para gestionar los envíos".
  - "¿Por qué no tenemos suficiente personal?" "Porque no se planificó bien la demanda en temporada alta".
  - "¿Por qué no se planificó bien?" "Porque no utilizamos herramientas de análisis predictivo".
- Identificar la causa raíz o el área de mejora creativa.

A partir de la respuesta final, plantear soluciones innovadoras que puedan resolver el problema de fondo.

Beneficios de los cinco porqués para la creatividad:

- Profundiza en la comprensión: ayuda a ver más allá de las soluciones evidentes, encontrando conexiones y causas subyacentes.
- Fomenta nuevas ideas: obliga a pensar desde distintas perspectivas y a replantear suposiciones.
- Promueve la simplicidad: aunque es un proceso profundo, es fácil de implementar y no requiere herramientas complejas.

Los 6 sombreros de pensar

Otra técnica que podemos emplear es la de los seis sombreros para pensar, desarrollada por Edward de Bono, es una herramienta de creatividad y resolución de problemas que fomenta el pensamiento estructurado y en diferentes perspectivas. Su objetivo es abordar una situación desde enfoques variados, utilizando "sombreros" metafóricos que representan estilos de pensamiento específicos. Esto ayuda a superar el pensamiento lineal y a considerar todas las facetas de una idea o problema.

Cada sombrero simboliza un modo de pensar diferente. Los participantes "se ponen" cada sombrero en turnos, fomentando una reflexión más completa y creativa sobre un problema o proyecto.

- Sombrero blanco: se centra en hechos, datos y cifras para analizar la información de forma objetiva.
- Sombrero rojo: permite expresar emociones, intuiciones y sentimientos subjetivos.
- Sombrero negro: identifica riesgos, problemas y debilidades, enfocándose en los aspectos negativos.
- Sombrero amarillo: destaca beneficios, ventajas y oportunidades, adoptando una perspectiva positiva.
- Sombrero verde: fomenta la creatividad y la generación de ideas nuevas y alternativas.
- Sombrero azul: organiza y gestiona el proceso de pensamiento, asegurando un enfoque estructurado.

La técnica se aplica de la siguiente manera:

- Definir el problema o proyecto a analizar. Ejemplo: "¿Cómo podemos mejorar la participación en nuestra plataforma educativa?".
- Asignar sombreros a los participantes o realizar turnos para cada sombrero. Cada participante adopta el estilo de pensamiento correspondiente al sombrero.
- Registrar las aportaciones de cada perspectiva. Por ejemplo: sombrero blanco: datos de uso actual muestran un descenso del 20 %; sombrero negro: los usuarios podrían considerar complicada la interfaz; sombrero verde: proponer un sistema de recompensas para fidelizar a los usuarios.
- Reflexionar sobre los resultados y tomar decisiones: usando el sombrero azul, se organizan las ideas para crear un plan de acción.

Los beneficios más importantes de los seis sombreros para pensar son:

- Promueve la creatividad: obliga a los participantes a adoptar perspectivas nuevas.
- Fomenta la colaboración: permite que todos contribuyan desde diferentes enfoques.
- Estructura el pensamiento: ayuda a organizar y equilibrar las reflexiones.
- Mejora la toma de decisiones: considera tanto riesgos como oportunidades.

Evaluación PNI

La evaluación PNI es una técnica que permite analizar ideas, decisiones o propuestas desde tres perspectivas: aspectos positivos, aspectos negativos y elementos interesantes o llamativos. Este enfoque ayuda a evaluar objetivamente una situación o idea, identificando ventajas, desventajas y oportunidades que pueden no ser evidentes a primera vista.

- Positivo: identifica los beneficios o puntos fuertes de la idea.
- Negativo: examina las desventajas, riesgos o limitaciones.
- Interesante: explora elementos curiosos o inesperados que podrían representar oportunidades.

Por ejemplo, una empresa está considerando implementar una política de teletrabajo total.

- Positivo: reducción de costes de oficina y aumento de la flexibilidad para los empleados.
- Negativo: riesgo de aislamiento social y dificultad para mantener la cultura corporativa.
- Interesante: oportunidad de contratar talento global sin restricciones geográficas.

La técnica PNI fomenta un análisis equilibrado, ayudando a tomar decisiones más informadas y a considerar tanto las implicaciones inmediatas como las futuras.

Estudio de caso:
LEGO: transformación creativa de un negocio en crisis

A finales de los años 90 y principios de los 2000, LEGO, la icónica empresa de juguetes, enfrentó una grave crisis financiera debido a la saturación del mercado, decisiones de expansión poco estratégicas y la creciente competencia de videojuegos y juguetes digitales. Sin embargo, la creatividad aplicada tanto al diseño del negocio como a la gestión interna permitió su recuperación y transformación en una de las marcas más rentables del mundo.

1. Rediseño del producto. LEGO adoptó un enfoque centrado en la creatividad al simplificar su catálogo de productos, volviendo a sus raíces con bloques básicos, pero integrándolos con franquicias populares como Star Wars y Harry Potter. Esto captó tanto a niños como a coleccionistas adultos.

   Por ejemplo, lanzaron series especializadas como LEGO Architecture para adultos creativos interesados en construir modelos arquitectónicos.

2. Innovación en la gestión. LEGO transformó su proceso de diseño involucrando a los usuarios finales. Lanzaron la plataforma LEGO Ideas, donde los clientes pueden proponer y votar diseños de nuevos sets. Los más votados son producidos, y los creadores reciben regalías. Este modelo abrió una vía directa de creatividad compartida con los consumidores.

3. Estrategias colaborativas. Se implementaron alianzas estratégicas con gigantes del entretenimiento para

licenciar productos. Esto no solo diversificó las líneas de negocio, sino que también fortaleció su posición en el mercado global.

4. Transformación digital. La creatividad en la gestión llevó a LEGO a entrar en el mundo digital, desarrollando videojuegos, aplicaciones de realidad aumentada y películas animadas que potenciaron la conexión emocional de los clientes con la marca.

5. Cultura organizativa creativa. En su gestión interna, LEGO promovió una cultura empresarial que valoraba la experimentación y el pensamiento divergente. Se crearon equipos multidisciplinarios encargados de idear nuevos conceptos y trabajar sin miedo al fracaso.

La implementación de estas estrategias creativas permitió a LEGO:

• Pasar de pérdidas millonarias a ser una de las marcas más rentables del mundo.
• Reconquistar a su público objetivo diversificando los segmentos de clientes.
• Crear una comunidad global de seguidores que ve a LEGO no solo como un juguete, sino como un medio de expresión creativa.

¿De dónde surgen las ideas?

Einstein dijo: "si buscas resultados distintos, no hagas siempre lo mismo". Esta frase refleja la esencia de la innovación y la búsqueda de nuevas ideas en los negocios.

Las ideas de negocio surgen a menudo de la capacidad de observar el mundo con una perspectiva fresca, desafiar las normas y pensar más allá de lo convencional. Las principales fuentes de inspiración para nuevas ideas de negocio incluyen las necesidades insatisfechas de las personas, los avances tecnológicos, las tendencias sociales y los cambios en el entorno económico o ambiental.

Por ejemplo, una necesidad insatisfecha podría ser la de personas que buscan opciones sostenibles para su alimentación. Esto ha dado lugar a negocios como supermercados con productos sin envases plásticos. En el caso de avances tecnológicos, la llegada de los *smartphones* ha inspirado aplicaciones como Uber o TikTok. También, la preocupación por el medio ambiente ha generado oportunidades para empresas que desarrollan tecnologías de energía renovable o productos reciclados.

Las principales fuentes de inspiración para nuevas ideas de negocio incluyen:

- Observación de necesidades no cubiertas. Identificar áreas en las que los consumidores no encuentran soluciones satisfactorias a sus problemas es una fuente clave de inspiración. Esto implica empatizar con los clientes y buscar oportunidades para crear productos o servicios que llenen esos vacíos.
- Análisis de problemas cotidianos. Los inconvenientes que las personas enfrentan en su vida diaria pueden convertirse en grandes oportunidades de negocio. Al buscar formas prácticas de resolver estos problemas,

las empresas pueden crear soluciones innovadoras y útiles.

- Innovaciones tecnológicas emergentes. Los avances en tecnología abren puertas a nuevos mercados y maneras de trabajar. por ejemplo, la inteligencia artificial ha permitido la creación de asistentes virtuales personalizados o herramientas avanzadas para análisis de datos.
- Cambios en las tendencias sociales. Las preferencias y comportamientos de las personas evolucionan con el tiempo. Seguir de cerca estas tendencias permite adaptar las propuestas de valor a lo que las personas realmente desean, como la preferencia por productos sostenibles o experiencias personalizadas.
- Transformaciones en el entorno económico. Las fluctuaciones económicas y los cambios en la legislación crean nuevos contextos donde ciertas ideas de negocio pueden prosperar. por ejemplo, los incentivos fiscales para energías renovables han impulsado este sector.
- Revisión de modelos de negocio exitosos en otros sectores o geografías. Analizar lo que funciona en otras industrias o lugares puede inspirar ideas que se adapten a diferentes contextos. Esto se conoce como *cross-pollination* y ha dado lugar a innovaciones como la aplicación de estrategias de videojuegos en la educación.
- Conexión emocional o experiencias personales. Muchas ideas nacen de situaciones que los emprendedores han vivido de primera mano. Cuando algo les afecta directamente, encuentran una motivación especial para desarrollar una solución que también beneficie a otros.
- Adaptación de soluciones existentes para nuevos contextos o públicos. Modificar un producto o servicio

probado para que se ajuste a las necesidades de un grupo específico o a un entorno diferente puede ser altamente exitoso. por ejemplo, adaptar aplicaciones de salud creadas para adultos al ámbito pediátrico.

- Desarrollo de tecnologías sostenibles o ecológicas. La creciente preocupación por el medio ambiente impulsa la innovación en áreas como energías limpias, reciclaje o productos biodegradables. Estas soluciones atraen a un público cada vez más consciente de su impacto ambiental.
- Participación activa en comunidades creativas o innovadoras. Rodearse de personas con diferentes perspectivas y conocimientos, como en incubadoras de *startups* o eventos de *networking,* facilita la generación de ideas frescas y disruptivas.

BlaBlaCar es un ejemplo destacado de cómo una idea innovadora puede surgir de una observación del entorno. Este servicio conecta a conductores que tienen asientos libres en su coche con pasajeros que buscan compartir un trayecto, reduciendo costos y promoviendo la sostenibilidad. La idea nació de la necesidad de un fundador, Frédéric Mazzella, que tuvo dificultades para encontrar un transporte compartido para visitar a su familia durante la Navidad. Observó que la mayoría de los coches en las autopistas llevaban solo al conductor, y visualizó el potencial de aprovechar esos espacios libres. Esto se convirtió en una solución para optimizar recursos, reducir emisiones de carbono y generar una nueva forma de viajar.

BlaBlaCar refleja cómo la empatía por los problemas cotidianos, combinada con la tecnología, puede dar lugar a modelos de negocio exitosos y transformadores.

 Reflexiona: ¿cuál es un problema que observas a menudo en tu entorno y cómo podría transformarse en una oportunidad de negocio?

Creatividad y modelos de negocio

Innovación y nuevas ideas

La innovación es el proceso de llevar una idea novedosa a la práctica, generando valor y resolviendo problemas de manera efectiva. Se enfoca en transformar una buena idea en algo tangible, como un producto, servicio, o proceso que aporte soluciones útiles y diferenciadas.

La ideación es la etapa del proceso creativo que se centra en generar, desarrollar y refinar ideas. Es crucial para encontrar soluciones innovadoras a problemas específicos. Este proceso fomenta la exploración de múltiples perspectivas y opciones antes de decidir cuál implementar.

La ideación se realiza en dos fases:

1. Generación de ideas. En esta fase, se busca explorar tantas opciones como sea posible, sin juzgar ni limitar la creatividad. Se utilizan técnicas como lluvia de ideas, mapas mentales y pensamiento divergente para

fomentar la innovación. Por ejemplo, en un grupo se pueden proponer ideas para mejorar la sostenibilidad en la escuela, desde usar energía renovable hasta implementar un programa de reciclaje creativo.

2. Síntesis. Es el momento de analizar, agrupar y priorizar las ideas generadas, seleccionando aquellas que sean más relevantes, factibles y alineadas con los objetivos. Por ejemplo, después de proponer múltiples ideas sobre sostenibilidad, el grupo decide enfocarse en la instalación de paneles solares porque es una opción viable y tiene impacto a largo plazo.

Imaginación, creatividad e innovación

La creatividad se refiere a la capacidad de generar ideas originales y útiles. Es el acto de pensar de manera nueva y diferente, mientras que la innovación implica implementar esas ideas creativas para obtener resultados concretos y prácticos. La creatividad es una combinación de factores innatos y desarrollados. Algunas personas parecen tener una predisposición natural hacia el pensamiento creativo, lo cual puede estar relacionado con sus genes y estructuras cerebrales. Sin embargo, la creatividad también se puede desarrollar con práctica y exposición a ambientes estimulantes.

Por ejemplo, un emprendedor puede no sentirse "creativo" inicialmente, pero al practicar técnicas como la lluvia de ideas, el *mind mapping* o el *design thinking*, puede entrenar su mente para generar soluciones innovadoras.

Técnicas creativas que ayudan a crear modelos de negocio

- Lluvia de ideas: generar una gran cantidad de ideas rápidamente sin juzgarlas. Esto permite explorar posibilidades sin restricciones. Por ejemplo, una cafetería podría proponer nuevas experiencias para atraer clientes, como catas de café o eventos culturales.
- Mapa mental: organizar ideas gráficamente para visualizar conexiones entre conceptos. Por ejemplo, diseñar un modelo de negocio de una tienda de moda sostenible conectando factores como materiales reciclados, *e-commerce* y comunidades de apoyo.
- SCAMPER (Sustituir, Combinar, Adaptar, Modificar, Proponer otro uso, Eliminar, Reorganizar): examinar un producto o servicio existente y mejorarlo aplicando estos enfoques. Por ejemplo, un emprendedor podría modificar el modelo de distribución de alimentos para incluir opciones personalizadas.
- *Storytelling:* construir historias atractivas que expliquen cómo un producto soluciona problemas de los clientes. Por ejemplo, narrar la historia de cómo un emprendedor creó una *app* para facilitar la gestión de finanzas personales tras experimentar problemas financieros.

Estudio de caso: Pixar

Pixar es conocido no solo por sus películas exitosas, sino también por la forma en que cultiva la creatividad. Uno de los pilares de su proceso creativo es el *Braintrust,* un grupo de directores, guionistas y creativos que se reúnen periódicamente para analizar y dar retroalimentación honesta sobre los proyectos en desarrollo. Estas reuniones no tienen jerarquías; el objetivo es mejorar las historias sin que los creadores sientan presión.

¿Por qué funciona?

- *Feedback* sin filtros: en estas sesiones, todos tienen la libertad de criticar y sugerir, lo que enriquece el proceso creativo. Esto fomenta un ambiente de confianza y aprendizaje continuo.
- Colaboración multidisciplinar: los participantes tienen diferentes experiencias y perspectivas, lo que amplía la visión sobre posibles problemas y soluciones.
- Enfoque iterativo: las ideas no se descartan por ser imperfectas en un inicio; el equipo trabaja en refinar y mejorar las propuestas.

Lecciones para emprendedores:

- *Feedback* franco y constructivo: los participantes comparten sus opiniones sinceras sobre el proyecto, pero siempre de forma constructiva. Ejemplo: si un personaje no conecta emocionalmente con la audiencia, el equipo propone cambios para mejorarlo sin criticar al creador.
- Crear un espacio seguro para la crítica: como en el *Braintrust,* los emprendedores pueden implementar sesiones de revisión con mentores o socios para obtener retroalimentación constante.

- Iteración continua: las ideas iniciales suelen evolucionar y mejorarse a través de la colaboración.
- Valorar diferentes perspectivas: integrar opiniones de distintas áreas (*marketing*, tecnología, finanzas) para un modelo de negocio más robusto.

Los emprendedores pueden replicar el enfoque de Pixar reuniendo un equipo diverso para analizar sus ideas de negocio. Por ejemplo, un emprendedor que está desarrollando un modelo de suscripción para libros podría invitar a escritores, lectores y expertos en *e-commerce* para criticar su propuesta y mejorarla. El *feedback* iterativo garantizaría que el producto final sea innovador y responda a las necesidades del mercado.

La creatividad no es solo un talento, sino una habilidad que puede cultivarse. Las técnicas creativas y ejemplos como el *Braintrust* de Pixar demuestran que la innovación surge cuando las ideas se someten a un análisis colaborativo y estructurado. Al aplicar estas estrategias, los emprendedores pueden transformar sus ideas iniciales en modelos de negocio sólidos y exitosos.

Reflexiona acerca de si piensas que los emprendedores podrían aplicar algo similar al *Braintrust* en su día a día. ¿Cómo de abierto estaría tu equipo a recibir críticas constructivas para impulsar la innovación?

Dimensiones de la creatividad

¿Qué características innovadoras podrías imaginar para un videojuego educativo que combine aprendizaje con entretenimiento, y cómo podrían aplicarse las dimensiones de la creatividad como fluidez, flexibilidad o imaginación?

La creatividad es esencial en el ámbito empresarial, ya que permite innovar, resolver problemas y destacar en el mercado. A continuación, se explican las dimensiones de la creatividad aplicadas a MindCraft, una empresa ficticia especializada en videojuegos educativos:

- Fluidez. Se refiere a la capacidad para generar muchas ideas. Por ejemplo, MindCraft organiza sesiones de *brainstorming* con sus desarrolladores para generar una larga lista de conceptos de juegos que enseñen habilidades STEM a jóvenes.
- Elaboración. Implica desarrollar y detallar una idea básica para convertirla en un producto final. Por ejemplo, MindCraft toma una idea de un juego para aprender geometría y diseña niveles detallados, personajes atractivos y desafíos progresivos para mantener el interés de los jugadores.
- Flexibilidad. Es la capacidad de cambiar de perspectiva o adaptar ideas a diferentes contextos. Por ejemplo, cuando MindCraft identifica que los adultos también muestran interés en sus juegos, adapta el diseño gráfico y los retos para crear versiones para todas las edades.
- Imaginación. Permite crear conceptos únicos o explorar ideas poco convencionales. Por ejemplo, MindCraft

desarrolla un videojuego en el que los jugadores usan cálculos matemáticos para construir civilizaciones, fusionando aprendizaje y aventuras épicas.

- Originalidad aplicada. Consiste en idear soluciones innovadoras que se puedan implementar de manera efectiva. Por ejemplo, MindCraft lanza un videojuego interactivo que integra realidad aumentada, permitiendo a los estudiantes resolver problemas matemáticos en su entorno físico.
- Redefinición. Implica ver usos o significados diferentes en algo existente. Por ejemplo, MindCraft toma un juego de aventuras clásico y lo redefine como una herramienta educativa donde los jugadores deben resolver acertijos históricos para avanzar en la trama.
- Vamos reflexionar. ¿De qué manera crees que las habilidades creativas como la originalidad aplicada y la redefinición pueden marcar la diferencia en el diseño de productos en una empresa como MindCraft?

La competencia y nichos de mercado

Análisis de la competencia como factor de aprendizaje

Encontrar un modelo de negocio exitoso puede ser un desafío debido a la intensa competencia en los mercados. En un entorno empresarial saturado, no todas las empresas logran captar la cantidad de clientes necesaria para generar beneficios sostenibles. De hecho, en España, una de cada cinco empresas cierra en su primer año de actividad. Para aumentar las probabilidades de éxito, es esencial identificar claramente quiénes son los competidores en el mercado.

La competencia en un mercado se refiere a todas las empresas que ofrecen productos o servicios capaces de satisfacer la misma necesidad que el nuestro. Es importante entender que no solo compiten las empresas que ofrecen exactamente el mismo producto, sino también aquellas que cubren necesidades similares de los consumidores.

Un análisis profundo de la competencia requiere comprender las diferentes razones por las que los consumidores adquieren un producto. Por ejemplo, en el caso del café, algunos lo compran por su sabor, lo que convierte a otras marcas de café en la competencia directa. Sin embargo, si el cliente busca café por su contenido de cafeína para obtener energía, las bebidas energéticas como Red Bull también son competidoras. Por otro lado, si el café se consume como parte de una rutina de relajación o descanso, las infusiones y el té pueden ser alternativas que compiten en el mismo mercado.

Al observar las distintas motivaciones de los consumidores, se pueden identificar grupos con necesidades específicas. Si uno de estos grupos no está siendo atendido adecuadamente por las opciones actuales, se abre la oportunidad de dirigirse a un nicho de mercado.

Un nicho de mercado es un segmento pequeño y definido de consumidores dentro de un mercado más amplio. Este grupo tiene necesidades particulares que los productos existentes no están satisfaciendo de manera óptima. Identificar un nicho permite a las empresas personalizar sus ofertas, diferenciarse de la competencia y construir una base de clientes leales.

Para ser competitivos y relevantes en el mercado, las empresas deben ir más allá de una comprensión superficial de la competencia. Deben analizar las motivaciones de los consumidores y buscar oportunidades para satisfacer necesidades específicas no cubiertas. Este enfoque no solo ayuda a destacar en un mercado saturado, sino que también facilita la creación de valor único para un público bien definido.

El análisis de la competencia es una herramienta fundamental para comprender el mercado y mejorar nuestra propuesta de valor. No se trata únicamente de observar lo que hacen otras empresas, sino de extraer lecciones clave que puedan aplicarse a nuestra estrategia. A continuación, se desarrollan los puntos principales en los que debemos centrarnos para convertir el análisis de la competencia en un factor de aprendizaje efectivo.

- Identificación de los competidores. Es importante reconocer quiénes son nuestros competidores directos e indirectos. Los directos ofrecen productos o servicios similares a los nuestros, mientras que los indirectos satisfacen las mismas necesidades de los clientes a través de soluciones diferentes.
- Estudio de la propuesta de valor. Analizar qué valor ofrece cada competidor a sus clientes y cómo se diferencian sus productos o servicios. Esto incluye aspectos como calidad, precio, características únicas, personalización y experiencia del cliente.
- Segmentación del mercado. Observar a qué segmentos de clientes se dirige cada competidor y cómo adapta su oferta a las características de estos grupos. Esto puede revelar oportunidades de mercado desatendidas o necesidades no cubiertas.
- Estrategias de *marketing* y comunicación. Examinar cómo los competidores posicionan su marca, los canales de comunicación que utilizan, sus mensajes clave y el enfoque de sus campañas publicitarias. Esto permite entender qué tácticas funcionan en el mercado y cómo podemos diferenciarnos.

- Análisis de precios. Comparar los precios de los competidores para identificar si se posicionan como opciones económicas, de gama media o *premium*. Este análisis ayuda a ajustar nuestra estrategia de precios según el valor percibido por los clientes.
- Fortalezas y debilidades. Evaluar los puntos fuertes y débiles de cada competidor. Esto incluye aspectos como innovación, atención al cliente, presencia en el mercado, capacidad de distribución o reputación. Este análisis nos permite identificar áreas donde podemos sobresalir o mejorar.
- Tendencias y adaptabilidad. Observar cómo los competidores responden a cambios en el mercado, como la introducción de nuevas tecnologías, cambios en las preferencias de los consumidores o regulaciones legales. Esto nos enseña la importancia de la agilidad y la innovación en la estrategia empresarial.
- Análisis del cliente de la competencia. Investigar las opiniones, reseñas y comentarios de los clientes sobre los competidores. Esto brinda información sobre qué valoran, qué critican y qué expectativas tienen los consumidores en el mercado.
- El análisis de la competencia es mucho más que un ejercicio de observación. Es una herramienta de aprendizaje continuo que nos permite identificar oportunidades, mejorar nuestra propuesta de valor y anticiparnos a los cambios del mercado. Al centrarnos en los puntos clave mencionados, podemos convertir este análisis en un pilar estratégico para nuestra empresa, ayudándonos a destacar y a construir una posición sólida en el mercado

Estrategia de Océanos Azules

En el análisis de la competencia y la innovación, podemos identificar dos tipos de mercados representados como océanos: los océanos rojos y los océanos azules. Este concepto refleja cómo las empresas operan dentro de contextos competitivos o innovadores, y ofrece herramientas estratégicas para destacar en el mercado.

Los océanos rojos representan mercados establecidos, donde una gran cantidad de empresas compiten por los mismos clientes ofreciendo productos o servicios similares. En este entorno, la competencia es feroz y suele derivar en guerras de precios o mejoras continuas en calidad como estrategia para atraer consumidores. Sin embargo, esta lucha constante limita las oportunidades de diferenciación y crecimiento.

En contraste, los océanos azules son espacios de mercado creados a través de la innovación. En ellos, las empresas operan sin competencia directa, ofreciendo valor único y atendiendo necesidades que previamente no estaban cubiertas. Un ejemplo claro es Airbnb, que revolucionó el sector del alojamiento al permitir que los particulares alquilaran sus propiedades, proporcionando una alternativa económica y personalizada a los hoteles tradicionales. Esta estrategia busca identificar y crear nuevos nichos de mercado en los que no exista competencia directa, permitiendo a las empresas destacarse al ofrecer un valor exclusivo. Para ello, es fundamental entender las necesidades no satisfechas de los consumidores y diseñar soluciones innovadoras que las cubran de forma efectiva. Un recurso valioso para desarrollar esta estrategia es la matriz ERIC, que guía a las empresas en la construcción de una propuesta de valor diferenciada mediante cuatro acciones clave:

- Eliminar: identificar y suprimir variables que no aportan valor a los clientes.
- Reducir: disminuir aspectos donde las empresas ofrecen más de lo que los clientes necesitan o valoran.
- Incrementar: potenciar variables que no alcanzan las expectativas de los clientes.
- Crear: incorporar nuevas variables que no existen en el mercado y que los consumidores consideran valiosas.

El Cirque du Soleil es un caso emblemático de la estrategia del océano azul. Eliminó el uso de animales en sus espectáculos, redujo la presencia tradicional de payasos, incrementó la comodidad de los asientos y creó una experiencia única combinando música, iluminación y acrobacias artísticas. Esta innovación transformó un sector tradicional como el circo, atrayendo a un público nuevo y posicionándose como una opción cultural única.

La diferenciación entre océanos rojos y azules ayuda a las empresas a decidir si competir en mercados saturados o crear nuevos espacios de oportunidad. Aplicando herramientas como la matriz ERIC, las empresas pueden redefinir sus propuestas de valor y generar un impacto significativo en sus mercados, convirtiendo la innovación en una ventaja competitiva sostenible.

Organización de ideas y pensamiento visual

Pensamiento visual y modelos de negocio

El *visual thinking* es una metodología que utiliza imágenes, diagramas y esquemas para organizar ideas y resolver problemas de manera creativa. En el ámbito de los modelos de negocio, se emplea para visualizar estructuras, procesos y estrategias de forma clara y comprensible.

Simplifica la comunicación de ideas complejas mediante elementos gráficos. Fomenta la creatividad y la colaboración al permitir que todos los involucrados comprendan y aporten al proceso. Es adaptable a diferentes contextos, desde presentaciones hasta planificación estratégica.

Es útil en la creación de modelos de negocio como el Canvas, permitiendo representar gráficamente elementos como la propuesta de valor, segmentos de clientes o canales de distribución. También se emplea en reuniones, *brainstorming,* talleres y en la presentación de proyectos de forma atractiva.

Por ejemplo, en una sesión de planificación, un equipo utiliza *visual thinking* para diseñar un modelo de negocio Canvas. Dibujan un gran lienzo dividido en bloques y representan con íconos y diagramas aspectos clave como los socios estratégicos, los recursos principales y las fuentes de ingresos.

Reflexiona: ¿de qué manera el uso de herramientas visuales podría facilitar la comprensión y el desarrollo de un modelo de negocio más efectivo en tu entorno?

Técnicas de visualización

Las técnicas de visualización son herramientas que permiten plasmar ideas, conceptos y procesos de manera gráfica para facilitar su comprensión y análisis. Estas técnicas son fundamentales en entornos creativos, educativos y empresariales, ya que ayudan a estructurar pensamientos, fomentar la colaboración y explorar soluciones innovadoras. En el ámbito de los modelos de negocio, su uso es especialmente valioso para organizar elementos clave de manera visual, identificar oportunidades y tomar decisiones estratégicas.

- Notas autoadhesivas. Consisten en el uso de pequeños papeles adhesivos para capturar y organizar ideas de manera rápida y flexible. Son útiles para desglosar conceptos complejos, realizar lluvias de ideas o estructurar procesos. Permiten reorganizar información fácilmente, promoviendo la iteración y el análisis colaborativo. En modelos de negocio, pueden emplearse para representar bloques como clientes o recursos, facilitando la reestructuración visual de las estrategias.
- Visualización con dibujos. Implica el uso de gráficos simples como íconos, diagramas y bocetos para representar conceptos e ideas. Esta técnica hace que la información sea más comprensible y atractiva, fomentando

la creatividad y la conexión emocional. En la creación de modelos de negocio, se utiliza para ilustrar elementos como flujos de ingresos o propuestas de valor, facilitando la comunicación de las ideas entre los miembros del equipo.

Pensamiento visual: ideación, síntesis y comunicación

El pensamiento visual es una metodología que emplea elementos gráficos para estructurar y transmitir ideas de manera efectiva. Es especialmente valioso en procesos creativos y estratégicos, ya que ayuda a visualizar conceptos abstractos, conectar información y comunicar propuestas de forma clara y atractiva. Este enfoque abarca tres etapas clave: ideación, síntesis y comunicación.

- Ideación. En esta etapa, el pensamiento visual se utiliza para generar ideas de manera creativa. A través de diagramas, mapas mentales o bocetos, las personas pueden explorar múltiples perspectivas, identificar oportunidades y organizar sus pensamientos. Esta fase fomenta la libertad y la creatividad, permitiendo la lluvia de ideas en formatos visuales que son más dinámicos y accesibles.
- Síntesis. El pensamiento visual facilita la organización y simplificación de grandes cantidades de información. Al representar los datos mediante esquemas, gráficos o infografías, es posible identificar patrones, priorizar elementos clave y construir una visión clara y estructurada del tema. Esta etapa ayuda a destilar lo esencial

de las ideas generadas, haciéndolas más manejables y comprensibles.

- Comunicación. Una vez sintetizadas las ideas, el pensamiento visual permite compartirlas de manera efectiva con otros. Herramientas como presentaciones gráficas, *storyboards* o visualizaciones en pizarras digitales se utilizan para transmitir información de forma impactante y comprensible. Esto resulta especialmente útil en contextos colaborativos, donde la claridad y la accesibilidad son fundamentales para la toma de decisiones.

El pensamiento visual, al integrar estas tres etapas, no solo facilita la creación de nuevas ideas, sino que también asegura que estas puedan estructurarse y comunicarse con éxito en diversos contextos.

Estudio de caso: Nintendo Wii

A mediados de la década de 2000, la industria de los videojuegos estaba dominada por empresas como Sony (PlayStation) y Microsoft (Xbox), que competían ferozmente en gráficos avanzados, *hardware* potente y juegos dirigidos a jugadores experimentados. Nintendo, enfrentando dificultades para competir en ese mercado, decidió salir de la "sangrienta competencia" y adoptar la Estrategia de Océanos Azules.

¿En qué consiste la Estrategia de Océanos Azules?

- Romper con el mercado existente: Nintendo no compitió directamente con Sony y Microsoft. En su lugar, creó un nuevo segmento al dirigirse a personas que no eran jugadores tradicionales, como familias, adultos mayores y personas interesadas en juegos casuales.
- Eliminar y reducir factores tradicionales:
  - Eliminado: la obsesión por los gráficos y el *hardware* extremadamente potente, lo que redujo significativamente los costes de producción.
  - Reducido: dependencia de títulos complejos y costosos que solo apelaban a jugadores avanzados.
- Crear y potenciar nuevos factores:
  - Creado: un sistema de control innovador basado en sensores de movimiento, lo que hizo los juegos más accesibles e interactivos.
  - Potenciado: juegos simples y sociales que podían ser disfrutados por cualquier persona, como Wii Sports y Just Dance.
- Propuesta de valor:
  - Para familias: un entretenimiento accesible que conectaba a diferentes generaciones.
  - Para adultos mayores: juegos fáciles de usar que fomentaban el movimiento físico, lo que los hizo populares incluso en centros de salud y rehabilitación.
  - Para jugadores casuales: experiencias divertidas sin la curva de aprendizaje de los juegos tradicionales.

La Nintendo Wii se convirtió en una de las consolas más vendidas de la historia, con más de 100 millones de unidades y creando una categoría completamente nueva de consumidores, ampliando significativamente el mercado de los videojuegos.

El prototipado

Concepto y utilidad

Comprender las necesidades y deseos de los clientes es un punto de partida esencial para desarrollar productos o servicios exitosos. A partir de este conocimiento, el prototipado se convierte en una herramienta clave para crear versiones iniciales rápidas y económicas de una idea de negocio, permitiendo probar y validar su viabilidad antes de realizar inversiones significativas.

El prototipado consiste en diseñar una representación preliminar de un producto o servicio con una inversión mínima de recursos. Este proceso tiene como objetivo principal evaluar su funcionalidad, diseño y aceptación por parte del cliente antes de avanzar hacia una versión final.

La utilidad del prototipado radica en su capacidad para validar si una idea de negocio tiene sentido desde la perspectiva del mercado. Al presentar un prototipo a los clientes, se pueden recopilar datos valiosos sobre su nivel de interés y sus necesidades específicas. Esto facilita la identificación de problemas potenciales o áreas de mejora en las primeras etapas del desarrollo, cuando los ajustes son más económicos y menos arriesgados.

Además, el prototipado reduce significativamente los costes y riesgos asociados con el lanzamiento de un producto final. Crear y lanzar un producto completamente desarrollado requiere una inversión considerable en términos de tiempo y dinero. Si el producto no cumple con las expectativas del cliente, corregir errores después del lanzamiento puede ser extremadamente costoso. En cambio, el prototipado permite iterar, ajustar y perfeccionar la propuesta antes de entrar en producción.

Aplicaciones del prototipado

• Validación de ideas. Ayuda a determinar si existe demanda para el producto en el mercado.
• Pruebas funcionales. Permite evaluar si las características del producto cumplen con su propósito.
• Retroalimentación del cliente. Facilita la recopilación de opiniones y sugerencias directamente de los usuarios.
• Ajustes de diseño. Identifica problemas ergonómicos, estéticos o de usabilidad que pueden solucionarse antes de la producción final.

Vamos a verlo con un ejemplo práctico: imagina una *startup* que quiere lanzar una aplicación para organizar tareas diarias. En lugar de desarrollar la aplicación completa, crean un prototipo básico con las funciones principales, como listas de tareas y recordatorios. Este prototipo es probado por un grupo de usuarios seleccionados, quienes aportan comentarios sobre su funcionalidad y diseño. Gracias a esta etapa de prototipado, la *startup* descubre que los usuarios prefieren una interfaz más simplificada y solicita la integración de un calendario visual. Con esta información, ajustan su propuesta antes de invertir en el desarrollo completo de la aplicación.

El prototipado no solo ahorra recursos, sino que también aumenta las posibilidades de éxito al permitir que las empresas prueben y validen sus ideas con datos reales antes de realizar grandes inversiones. Este enfoque centrado en el cliente fomenta la creación de productos que realmente responden a las necesidades del mercado, minimizando riesgos y maximizando el impacto de las soluciones propuestas.

Posibilidades de prototipado

El prototipado es una herramienta versátil que se puede aplicar en diversos contextos, adaptándose a las características de bienes tangibles, servicios intangibles y aplicaciones digitales.

A través de este proceso, las empresas pueden materializar sus ideas, probar su funcionalidad y recopilar retroalimentación antes de realizar inversiones significativas. A continuación, se exploran las posibilidades del prototipado en estos tres ámbitos:

Prototipado de bienes

En el caso de bienes físicos, el prototipado permite crear versiones iniciales o simplificadas de productos tangibles.

Esto incluye desde maquetas básicas hasta modelos más avanzados que simulan las características finales del producto.

- Fabricación rápida. Tecnologías como la impresión 3D, el corte láser y la manufactura aditiva facilitan la creación de prototipos en menor tiempo y a un coste reducido.
- Pruebas funcionales. Los prototipos pueden ser utilizados para evaluar aspectos como resistencia, ergonomía y durabilidad.
- Ajustes de diseño. Los clientes pueden interactuar con el prototipo, aportando comentarios sobre su estética, facilidad de uso y características esenciales. Ejemplo: una empresa de mobiliario utiliza un prototipo impreso en 3D para probar la estabilidad de una nueva silla antes de fabricarla en masa.

Prototipado de servicios

El prototipado en servicios implica diseñar experiencias simuladas que representen las interacciones y resultados esperados.

- Mapas de experiencia. Se crean representaciones gráficas de los puntos de contacto entre el cliente y el servicio, ayudando a identificar áreas de mejora.
- Escenarios simulados. Se ensayan los servicios en un entorno controlado, evaluando la respuesta de los clientes ante diferentes situaciones.
- Iteración de procesos. Los flujos de servicio se prueban con usuarios reales o ficticios para identificar cuellos

de botella y optimizar la experiencia. Ejemplo: una cadena hotelera desarrolla un prototipo del proceso de *check-in* digital, permitiendo a los clientes probarlo y dar retroalimentación sobre su eficiencia y facilidad de uso.

Prototipado de aplicaciones

En el ámbito digital, el prototipado es especialmente importante para garantizar que las aplicaciones sean intuitivas, funcionales y atractivas antes de su lanzamiento.

- Wireframe. Esquemas básicos que muestran la estructura y navegación de la aplicación.
- Prototipos interactivos. Versiones funcionales pero limitadas que permiten a los usuarios explorar características clave.
- Pruebas de usabilidad. Se observa cómo los usuarios interactúan con el prototipo para identificar áreas de confusión o dificultad. Imagina que una *startup* de tecnología desarrolla un prototipo de su aplicación móvil para administrar finanzas personales, permitiendo a un grupo de usuarios probar sus funcionalidades básicas y proporcionar comentarios sobre la navegación y el diseño.

El prototipado es una metodología adaptativa que puede aplicarse a bienes, servicios y aplicaciones, ofreciendo a las empresas la oportunidad de validar ideas, minimizar riesgos y optimizar productos antes de su implementación. En cada uno de estos contextos, el prototipado promueve la innovación y la mejora continua, garantizando que las soluciones finales estén alineadas con las necesidades del mercado y las expectativas de los usuarios.

Las herramientas de prototipado

El prototipado es una etapa clave en el desarrollo de productos, servicios y aplicaciones, y su eficacia depende en gran medida de las herramientas utilizadas. Estas herramientas permiten transformar ideas en representaciones tangibles o funcionales, facilitando su validación y mejora. Según el tipo de proyecto, se emplean diferentes tecnologías, técnicas y metodologías adaptadas a las necesidades específicas. A continuación, se presentan las principales herramientas de prototipado organizadas según su uso:

Herramientas para bienes físicos

- Impresión 3D: una tecnología que permite crear prototipos físicos de alta precisión mediante la fabricación aditiva. Es ideal para probar diseños, formas y dimensiones de productos antes de su producción masiva.
- Corte láser: es útil para materiales como madera, metal o plástico, esta técnica permite crear piezas con cortes exactos que se ensamblan en prototipos funcionales.
- Modelado manual: herramientas tradicionales como arcilla, cartón o espuma son útiles para prototipos básicos en etapas iniciales del diseño.
- Software CAD (Diseño Asistido por Computadora): programas como AutoCAD, SolidWorks o Fusion 360

ayudan a crear diseños tridimensionales precisos que luego pueden convertirse en prototipos físicos.

Herramientas para servicios

- *Storyboards:* representaciones visuales que describen la experiencia del cliente paso a paso, permitiendo identificar puntos críticos en el servicio.
- Mapas de experiencia del cliente: diagramas que detallan los puntos de contacto entre el cliente y el servicio, facilitando la identificación de áreas de mejora.
- Talleres de simulación: escenarios reales o virtuales donde se ensayan los procesos del servicio con usuarios y empleados, evaluando su eficacia y recepción.
- Herramientas de diseño colaborativo: plataformas como Miro o MURAL permiten a los equipos trabajar en tiempo real para visualizar y ajustar flujos de servicio.

Herramientas para aplicaciones digitales

- *Wireframing:* programas como Figma, Adobe XD o Sketch permiten crear esquemas básicos que muestran la estructura y navegación de la aplicación.
- Prototipos interactivos: herramientas como InVision o Axure permiten desarrollar versiones funcionales pero limitadas de una aplicación, para que los usuarios puedan interactuar con ellas.
- Pruebas de usabilidad: *software* como UserTesting o Lookback ayuda a analizar cómo los usuarios interactúan con el prototipo, identificando problemas de diseño o navegación.

- *Frameworks* de desarrollo rápido: herramientas como Flutter, React Native o Bootstrap permiten crear prototipos funcionales para aplicaciones web o móviles con un enfoque en el desarrollo ágil.

Herramientas de retroalimentación y validación

- Encuestas en línea: plataformas como Google Forms o Typeform facilitan la recopilación de opiniones sobre el prototipo.
- Análisis de datos: herramientas como Tableau o Google Analytics permiten interpretar el comportamiento de los usuarios durante las pruebas del prototipo.
- *Feedback* visual: *software* como UsabilityHub recopilan opiniones sobre el diseño visual y la funcionalidad de los prototipos.

Las herramientas de prototipado son esenciales para convertir ideas en realidades tangibles o funcionales. Elegir la herramienta adecuada depende del tipo de proyecto y de los objetivos específicos del prototipado, ya sea validar diseños físicos, optimizar servicios o probar aplicaciones digitales. Estas herramientas no solo reducen riesgos y costes, sino que también aceleran el proceso de desarrollo, permitiendo a las empresas entregar soluciones mejor adaptadas a las necesidades del mercado.

Las aplicaciones informáticas para prototipos digitales

En el desarrollo de prototipos digitales, las aplicaciones informáticas son herramientas indispensables para convertir ideas en representaciones visuales o funcionales. Estas aplicaciones permiten a diseñadores, programadores y equipos multidisciplinarios crear y probar versiones preliminares de productos digitales, como sitios web, aplicaciones móviles o *software*. Gracias a estas herramientas, las empresas pueden validar conceptos, identificar problemas y realizar ajustes antes de la implementación final, optimizando así los recursos y reduciendo riesgos.

Características de las aplicaciones para prototipos digitales

- Interactividad. Facilitan la creación de interfaces que simulan el comportamiento real del producto final, permitiendo a los usuarios explorar funcionalidades clave.
- Colaboración. Muchas aplicaciones están diseñadas para trabajo en equipo, permitiendo la edición en tiempo real y el intercambio de ideas entre los participantes.
- Iteración rápida. Proporcionan opciones para realizar ajustes inmediatos en diseño y funcionalidad, acelerando el ciclo de desarrollo.
- Accesibilidad. Pueden ser utilizadas por equipos con distintos niveles de habilidad técnica, gracias a interfaces intuitivas y herramientas de arrastrar y soltar.

Principales aplicaciones informáticas para prototipos digitales

- Figma. Una de las herramientas más populares para diseño y prototipado de interfaces. Su principal ventaja es la colaboración en línea en tiempo real, permitiendo que varios miembros del equipo trabajen simultáneamente en un proyecto.
- Adobe XD. Es ideal para diseñar y prototipar interfaces web y móviles. Ofrece integración con otros productos de Adobe, lo que facilita el trabajo de diseñadores que ya utilizan esta suite de herramientas.
- Sketch. Es muy utilizada en el diseño de interfaces de usuario, permite crear prototipos visuales y exportar diseños fácilmente para desarrolladores.
- InVision. Se especializa en prototipos interactivos y pruebas de usabilidad. Ofrece funciones como enlaces interactivos y revisiones en tiempo real para facilitar el feedback del equipo y los clientes.
- Axure RP. Una herramienta potente para crear prototipos avanzados que requieren lógica dinámica o interacción compleja, como simulaciones de *software* empresarial.
- Marvel App. Sencilla y accesible, permite convertir bocetos en prototipos interactivos en cuestión de minutos. Es una opción excelente para equipos pequeños o proyectos rápidos.
- Proto.io. Ideal para prototipos móviles. Ofrece una amplia biblioteca de elementos predefinidos que ayudan a diseñar interfaces rápidamente.

Aplicaciones complementarias para validación y pruebas

- UserTesting. Permite observar cómo los usuarios reales interactúan con el prototipo, identificando problemas de usabilidad y áreas de mejora.
- Hotjar. Analiza la interacción de los usuarios con el prototipo mediante mapas de calor y grabaciones de sesiones.
- Lookback. Facilita la recopilación de comentarios de los usuarios durante las pruebas de prototipos, proporcionando información detallada para la iteración.

Ventajas de las aplicaciones informáticas en prototipos digitales

- Reducen los tiempos de desarrollo al permitir ajustes inmediatos.
- Mejoran la comunicación y coordinación entre los equipos.
- Permiten validar ideas de manera temprana y económica.
- Proporcionan una experiencia cercana al producto final, ayudando a identificar problemas de diseño o funcionalidad.

Las aplicaciones informáticas para prototipos digitales son herramientas esenciales en el proceso de desarrollo de productos tecnológicos. Facilitan la creación de prototipos interactivos, permiten validar conceptos de manera eficiente y aceleran la iteración, lo que resulta en soluciones finales más adaptadas a las necesidades del usuario.

Estas herramientas representan un puente entre la idea inicial y el producto final, asegurando que el diseño y la funcionalidad estén alineados con las expectativas del mercado.

Las herramientas de presentación de un proyecto o de una idea

La narración de historias (*storytelling*)

La importancia de la narración de historias: *storytelling*

El *storytelling* es una herramienta poderosa en el ámbito de la formación, ya que permite transmitir información de forma atractiva y memorable. Al presentar los conceptos en forma de historias, el profesorado facilita la conexión emocional y cognitiva del alumnado con el contenido, haciendo que este sea más fácil de comprender y recordar. El *storytelling* transforma conceptos complejos en relatos accesibles, utilizando personajes, situaciones y conflictos que captan la atención y estimulan el interés.

- Introducción del contexto y personajes: al iniciar una historia, es importante contextualizar el contenido y presentar a los personajes de forma que el alumnado pueda identificarse con ellos. En un entorno educativo, los personajes pueden ser ejemplos de figuras relacionadas con el tema de estudio o personas enfrentando situaciones cotidianas que resuenan con las experiencias del alumnado. Este contexto inicial facilita que el alumnado se conecte emocionalmente con el contenido y se interese en el desarrollo de la historia.

- Presentación del conflicto o problema: una historia atractiva incluye un conflicto o desafío que los personajes deben resolver. En la formación, este conflicto puede reflejar un problema real o una situación compleja que el alumnado debe analizar y comprender. La introducción de un conflicto no solo capta la atención, sino que también fomenta el pensamiento crítico, ya que motiva al alumnado a buscar soluciones y entender el contenido de manera más profunda.

- Desarrollo de la trama: el desarrollo de la historia es donde se exploran y explican los conceptos clave. A medida que los personajes enfrentan el conflicto, el profesorado puede introducir los temas del curso de forma natural, relacionándolos con las acciones y decisiones de los personajes. Esta técnica permite al alumnado entender cómo los conceptos se aplican en situaciones reales, facilitando la comprensión y reteniendo el interés en el contenido.

- Resolución y conclusión: el final de la historia ofrece una conclusión o enseñanza que el alumnado puede recordar y aplicar en su contexto académico o personal. La resolución del conflicto sirve para reforzar los conceptos tratados y permite que el alumnado reflexione sobre la lección aprendida. Finalizar con una conclusión clara facilita la consolidación del aprendizaje, ya que cierra el ciclo narrativo y destaca la importancia de los conceptos.

Las ventajas del *storytelling* son:

- Aumenta la retención de información: los conceptos presentados en forma de historias son más fáciles de recordar, ya que las historias estimulan el cerebro de manera distinta a los datos aislados. Al conectar emocionalmente con el contenido, el alumnado retiene mejor la información y es más probable que recuerde los conceptos a largo plazo.

- Promueve la conexión emocional y la empatía: al presentar personajes y situaciones con las que el alumnado pueda identificarse, el *storytelling* facilita una conexión emocional con el contenido. Esta conexión permite que el alumnado se sienta más involucrado en el aprendizaje y desarrolle empatía, promoviendo una comprensión más profunda de los temas tratados.

- Fomenta el aprendizaje activo: el *storytelling* invita al alumnado a reflexionar y participar activamente en el aprendizaje, ya que al analizar la historia, el alumnado debe interpretar y relacionar el contenido con su propio contexto. Esta interacción promueve un aprendizaje activo y significativo, donde el alumnado no solo recibe la información, sino que también la procesa y aplica.

- Simplificación de conceptos abstractos: las historias permiten simplificar conceptos complejos al contextualizarlos en situaciones reales o ficticias que sean accesibles para el alumnado. Al relacionar los conceptos con experiencias concretas, el profesorado hace que el contenido sea más fácil de entender y aplicar.

Cómo convertir tu historia en algo tangible y atractivo

Presentar un modelo de negocio nuevo a través del *storytelling* implica narrar una historia que conecte emocionalmente con la audiencia, explique el problema que se resuelve y destaque el valor de la propuesta. Este enfoque hace que la presentación sea más atractiva y memorable. A continuación, se describe cómo estructurar el storytelling para un modelo de negocio:

• Introducción emocional: comienza con una historia que ilustre el problema que tu modelo de negocio busca resolver. Puede ser real o ficticia, pero debe ser relevante y conectarse con las experiencias de la audiencia. Por ejemplo, imagina a Laura, una estudiante que siempre pierde sus notas importantes porque no encuentra una herramienta práctica para organizarlas.

• El desafío: define el problema de forma clara y concreta, mostrando su impacto y por qué es importante resolverlo. "Cada año, millones de estudiantes como Laura enfrentan problemas de organización, lo que afecta su rendimiento académico y su tranquilidad".

• La solución: introduce tu modelo de negocio como la respuesta innovadora al problema. Explica cómo funciona y cuáles son sus beneficios principales. "Nuestro modelo de negocio, NoteHero, es una plataforma que permite digitalizar, organizar y compartir notas de forma intuitiva. Es la solución que Laura y muchos otros estudiantes han estado esperando".

- La diferencia: destaca qué hace que tu modelo de negocio sea único frente a otras opciones. Resalta la propuesta de valor de manera breve y clara. "A diferencia de otras herramientas, NoteHero combina inteligencia artificial con un diseño centrado en el usuario, personalizando la experiencia para cada estudiante".

- La visión: muestra el impacto positivo que tu modelo de negocio puede generar, no solo en términos económicos, sino también en la vida de los usuarios y la sociedad. "Nuestra visión es transformar el aprendizaje, facilitando que cada estudiante alcance su máximo potencial sin preocuparse por perder el foco".

- Llamado a la acción: concluye con una invitación clara, ya sea a invertir, colaborar o probar el producto. "Únete a nosotros en esta misión y hagamos que el aprendizaje sea más accesible, eficiente y emocionante para todos".

Este enfoque, basado en una narrativa clara y atractiva, convierte datos y estrategias en una historia cautivadora que resuena con la audiencia y deja una impresión duradera.

Claves para mejorar la comunicación

La comunicación efectiva es fundamental en todos los ámbitos de la vida, ya que permite transmitir ideas, resolver problemas y construir relaciones sólidas. En el entorno personal y profesional, saber comunicar de manera clara y precisa es clave para alcanzar objetivos, evitar malentendidos y fomentar la colaboración. Una comunicación efectiva no solo implica hablar, sino también escuchar, comprender y adaptarse a las necesidades del interlocutor, lo que la convierte en una habilidad esencial para el éxito y la cohesión en cualquier contexto.

- Claridad: utiliza un lenguaje sencillo y directo, evitando tecnicismos innecesarios. Asegúrate de que tu mensaje sea comprensible para la audiencia.
- Escucha activa: presta atención a las reacciones de los demás, demuestra interés genuino y responde de manera reflexiva.
- Empatía: adapta tu comunicación teniendo en cuenta las necesidades, emociones y perspectivas de tu interlocutor.
- Estructura: organiza tus ideas en una secuencia lógica, comenzando por el objetivo del mensaje, desarrollando los argumentos y terminando con una conclusión clara.
- Lenguaje corporal: usa gestos, postura y contacto visual que refuercen tu mensaje y transmitan confianza.
- *Feedback:* solicita y ofrece retroalimentación para mejorar la efectividad de la comunicación y asegurarte de que se ha comprendido correctamente.
- Adaptabilidad: ajusta tu tono, velocidad y enfoque según el contexto y la audiencia.
- Preparación: anticipa preguntas o preocupaciones y prepárate para abordarlas de manera efectiva.
- Uso de herramientas visuales: apoya tus mensajes con elementos gráficos, esquemas o presentaciones que faciliten la comprensión.
- Concisión: sé breve y al punto para mantener el interés de la audiencia y evitar malentendidos.

El discurso del ascensor

El *elevator pitch* es una técnica de comunicación breve y efectiva que tiene su origen en los círculos empresariales y de emprendimiento en Estados Unidos. El término proviene de la idea de que un emprendedor debe ser capaz de explicar su propuesta de negocio o idea en el tiempo que dura un trayecto en ascensor (generalmente entre 30 segundos y 2 minutos). Este formato surgió como una solución para captar rápidamente la atención de potenciales inversores, clientes o socios en un contexto en el que el tiempo es limitado y las oportunidades de interacción son fugaces.

El concepto de *elevator pitch* se basa en la capacidad de sintetizar una idea o proyecto de manera clara, atractiva y persuasiva. Su propósito principal es generar interés suficiente como para que la persona a la que se dirige desee saber más o considerar una reunión más detallada. No se trata de presentar todos los detalles de una idea, sino de destacar los aspectos más relevantes y convincentes para captar la atención del receptor.

Características principales del *elevator pitch*

- Brevedad: debe ser conciso, transmitiendo los puntos clave en poco tiempo.
- Claridad: el mensaje debe ser fácil de entender, evitando tecnicismos o complejidad innecesaria.
- Persuasión: busca impactar al receptor, mostrando de manera atractiva el valor de la propuesta.

- Estructura lógica: suele incluir una introducción, la presentación del problema, la solución propuesta y una llamada a la acción.
- Adaptabilidad: permite ajustarse al contexto y al perfil del receptor.

El *elevator pitch* es ampliamente utilizado en diversos ámbitos:

- Emprendimiento: para captar inversores o socios.
- Ventas: para presentar productos o servicios a clientes potenciales.
- Carrera profesional: para destacar habilidades y logros en entrevistas laborales o redes de contacto profesional.

El *elevator pitch* es una herramienta valiosa para comunicar ideas de forma rápida y efectiva. Su origen en el ámbito empresarial refleja la necesidad de destacar en contextos competitivos y aprovechar al máximo las oportunidades para captar la atención de interlocutores clave. Dominar esta técnica es esencial para cualquier persona que desee presentar sus ideas con impacto en un tiempo limitado.

Un *elevator pitch* efectivo requiere una estructura clara, un mensaje persuasivo y una presentación impactante. A continuación, se describen los pasos clave para diseñar y entregar un *elevator pitch* perfecto:

- Introduce quién eres: comienza con una presentación breve pero profesional que capte la atención de tu interlocutor. Menciona tu nombre, cargo o especialidad, y establece una conexión inicial. Por ejemplo: "Hola, soy Laura Martínez, fundadora de EcoTech, una *startup* dedicada a la sostenibilidad en tecnología".

- Identifica el problema: define de manera concisa el problema o necesidad que tu propuesta aborda. Esto debe ser relevante y fácilmente entendible para el público objetivo. Ejemplo: "Hoy en día, los dispositivos electrónicos generan toneladas de residuos que afectan el medio ambiente".

- Presenta la solución: explica tu propuesta de valor destacando cómo resuelve el problema planteado. Sé claro y específico, resaltando el impacto positivo de tu solución. Ejemplo: "En EcoTech hemos desarrollado una plataforma que permite a los usuarios reciclar sus dispositivos electrónicos fácilmente, recompensándolos con créditos para productos sostenibles".

- Diferénciate de la competencia: muestra por qué tu idea es única y qué ventajas ofrece frente a otras soluciones similares. Enfatiza tu propuesta de valor diferenciada. Ejemplo: "A diferencia de otros programas de reciclaje, nuestra plataforma conecta directamente a los usuarios con empresas que ofrecen descuentos por reciclar, incentivando un cambio real".

- Incluye datos concretos o logros: si es posible, aporta datos, logros o métricas que respalden tu idea. Esto refuerza tu credibilidad y genera confianza en tu propuesta. Ejemplo: "En nuestra primera prueba piloto, logramos reciclar más de 2 toneladas de dispositivos electrónicos en solo un mes".

- Haz una llamada a la acción (CTA): concluye con una invitación clara, que puede ser una reunión, una demostración o una oportunidad de colaboración. Sé específico sobre lo que esperas de tu interlocutor. Ejemplo: "Me encantaría programar una reunión para mostrarte cómo nuestra solución podría integrarse en tu estrategia de sostenibilidad".
- Cuida la entrega:
  - Practica tu tono de voz y lenguaje corporal para proyectar confianza y entusiasmo.
  - Sé natural y ajusta tu discurso según el contexto y la persona a la que te diriges.
  - Mantén el contacto visual y evita recitar tu *pitch* de manera monótona.

Un *elevator pitch* perfecto combina claridad, impacto y personalización. Seguir estos pasos te permitirá presentar tus ideas de manera convincente y efectiva, aumentando las posibilidades de captar el interés de tu interlocutor y generar oportunidades valiosas.

Otras metodologías

Presentar un proyecto o una idea requiere más que claridad y precisión; exige captar la atención de la audiencia y transmitir un mensaje memorable. Aunque el *storytelling* y el *elevator pitch* son metodologías destacadas por su eficacia, existen otras técnicas complementarias que enriquecen la comunicación, permiten adaptar el mensaje al contexto y maximizan el impacto en los receptores.

A continuación, se desarrollan otras metodologías que pueden integrarse en la presentación de ideas o proyectos:

Método SCQA (Situación, Complicación, Pregunta, Respuesta)

Esta metodología estructura el mensaje en cuatro etapas que guían al receptor desde la comprensión del contexto hasta la solución propuesta.

- Situación: describe el estado actual o el punto de partida de manera clara.
- Complicación: identifica el problema o desafío que rompe el equilibrio.
- Pregunta: plantea la cuestión clave que necesita respuesta.
- Respuesta: presenta la solución o propuesta que resuelve el problema. Esta técnica es útil para mantener la atención del público, ya que genera un hilo narrativo lógico y crea expectativa antes de presentar la solución.

Presentación visual

El uso de imágenes, diagramas, esquemas y otros elementos visuales transforma conceptos complejos en mensajes accesibles.

- Permite captar la atención de la audiencia de forma inmediata.
- Refuerza la comprensión mediante la combinación de texto e imágenes.

- Fomenta la retención de información gracias a la conexión visual. Esta metodología es ideal para presentar proyectos técnicos o ideas abstractas, donde la claridad y el impacto visual son esenciales.

Método de las 3 Cs (Claro, Conciso, Convincente)

Esta técnica se centra en cómo estructurar el contenido para que sea efectivo:

- Claro: utilizar un lenguaje directo, sin ambigüedades ni tecnicismos innecesarios.
- Conciso: reducir la información al mínimo necesario, destacando solo lo esencial.
- Convincente: argumentar de manera persuasiva, respaldando las ideas con datos o evidencias. Es una metodología versátil que se adapta a cualquier contexto, desde presentaciones formales hasta charlas informales.

Método STAR (*Situation, Task, Action, Result*)

Popular en entrevistas y presentaciones, este método narra una experiencia específica o un caso de éxito:

- *Situation:* define el contexto o escenario inicial.
- *Task:* explica la tarea o desafío que enfrentaste.
- *Action:* describe las acciones tomadas para resolverlo.
- *Result:* expone los resultados obtenidos, destacando el impacto positivo. Es especialmente efectivo para

demostrar experiencia o logros concretos relacionados con el proyecto presentado.

Gamificación

Incorporar dinámicas de juego en la presentación puede hacer que la audiencia participe de manera activa:

• Se pueden incluir encuestas interactivas, simulaciones o desafíos relacionados con la idea.
• Permite transformar una exposición pasiva en una experiencia dinámica y participativa. Esta técnica es especialmente útil en contextos educativos o en presentaciones donde se busca enganchar a audiencias más jóvenes o creativas.

La efectividad de una presentación radica en adaptar la metodología al público, el mensaje y los objetivos. Estas técnicas, junto con el *storytelling* y el *elevator pitch,* ofrecen un repertorio completo para transmitir ideas de manera clara, impactante y memorable. Al dominar y combinar diferentes metodologías, los presentadores pueden conectar con su audiencia, destacar su propuesta y generar un impacto duradero.

Los escenarios

Los escenarios son descripciones coherentes y plausibles de diferentes futuros posibles que una empresa o sector puede enfrentar. Sirven como herramientas estratégicas para explorar incertidumbres y orientar la toma de decisiones hacia la innovación y la adaptación a entornos cambiantes.

Exploración de ideas

Introducción

La exploración de ideas es el proceso de identificar, generar y analizar conceptos o soluciones creativas que puedan ser útiles para resolver problemas, aprovechar oportunidades o innovar en un contexto determinado, como el desarrollo de modelos de negocio. Este proceso es clave en la planificación estratégica y la toma de decisiones en la empresa, ya que permite ampliar el rango de opciones antes de seleccionar un camino específico.

Características

Creatividad e innovación

La creatividad e innovación son pilares fundamentales para impulsar el desarrollo de nuevos modelos de negocio y para resolver problemas complejos en entornos dinámicos y cambiantes. Este enfoque supone un alejamiento consciente de las soluciones tradicionales, abriendo espacio para explorar ideas novedosas y disruptivas que desafían las normas establecidas. Mientras que la creatividad es la capacidad de generar ideas originales y valiosas, la innovación implica llevar esas ideas a la práctica, generando un impacto tangible en productos, servicios, procesos o modelos de negocio.

Salir de los enfoques tradicionales requiere, en primer lugar, cuestionar los supuestos actuales que rigen las decisiones empresariales. Las empresas suelen operar en base a patrones establecidos que, aunque efectivos en el pasado, pueden volverse obsoletos frente a los cambios del mercado. Por ejemplo, antes de la era digital, muchas compañías dependían exclusivamente de tiendas físicas para vender sus productos. Empresas como Amazon rompieron este paradigma al imaginar un modelo de negocio centrado en el comercio electrónico, que no solo eliminó barreras geográficas, sino que redefinió la experiencia de compra.

La creatividad e innovación también implican adoptar nuevas perspectivas. Esto se logra fomentando un entorno que valore la diversidad de pensamientos y promueva la colaboración interdisciplinaria. Equipos diversos, con integrantes de diferentes disciplinas, culturas y experiencias, suelen generar soluciones más completas y disruptivas. Un ejemplo de ello es el diseño de productos inclusivos, como los dispositivos tecnológicos adaptados para personas con discapacidades, resultado de equipos que integran perspectivas desde la ingeniería hasta la sociología.

El uso de herramientas específicas puede potenciar la creatividad. Metodologías como el Design Thinking se enfocan en comprender profundamente las necesidades del usuario y prototipar soluciones de manera iterativa. Otro enfoque útil es el análisis de escenarios futuros, que permite a las empresas imaginar cómo las tendencias y las incertidumbres podrían influir en sus operaciones, inspirando así nuevas ideas. Estas herramientas ayudan a las organizaciones a pensar más allá de lo evidente y a visualizar oportunidades escondidas.

Además, la creatividad e innovación suelen ir de la mano de la tecnología. Las empresas que adoptan tecnologías emergentes, como la inteligencia artificial o la realidad aumentada, a menudo desarrollan soluciones revolucionarias. Por ejemplo, empresas del sector sanitario han utilizado inteligencia artificial para personalizar tratamientos médicos, cambiando radicalmente la forma en que se presta la atención al paciente.

En el ámbito empresarial, fomentar la creatividad e innovación no solo significa generar ideas nuevas, sino también asumir riesgos calculados. La innovación disruptiva a menudo implica incertidumbre, pero también es una de las mayores fuentes de ventaja competitiva. Empresas como Tesla han asumido riesgos importantes al apostar por tecnologías como los vehículos eléctricos y la energía solar, logrando transformar industrias enteras.

Enfoque estratégico

El enfoque estratégico en la generación de ideas es fundamental para garantizar que estas no surjan de manera ais-
lada o aleatoria, sino que estén profundamente conectadas
con los objetivos de la empresa y los desafíos del entorno.
Este enfoque asegura que las ideas generadas sean relevantes, factibles y aporten valor al modelo de negocio, ali-
neándose con las metas a corto, medio y largo plazo.

En primer lugar, un enfoque estratégico requiere comprender a fondo la visión y misión de la empresa. La visión
define el futuro ideal al que aspira la organización, mientras que la misión explica su propósito actual y su razón
de ser. Las ideas que no se alinean con estos conceptos
corren el riesgo de desviar recursos y esfuerzos hacia di-
recciones que no contribuyen al desarrollo deseado. Por
ejemplo, una empresa con una misión centrada en la sostenibilidad no debería invertir en iniciativas que aumen-
ten su impacto ambiental, incluso si esas ideas parecen
rentables en el corto plazo.

Además, el enfoque estratégico implica un análisis constante del entorno competitivo y del mercado. Esto incluye
identificar tendencias, cambios en las preferencias de los
consumidores, avances tecnológicos y regulaciones emergentes que puedan influir en la empresa. Una idea que
nace de este análisis tiene más probabilidades de ser útil
y viable, ya que responde a un contexto real. Por ejemplo,
muchas empresas del sector alimentario han desarrollado
productos veganos no solo porque es una tendencia, sino

porque responde a una creciente demanda de los consumidores por alternativas sostenibles y éticas.

Priorización de recursos

Otro aspecto clave es la priorización de recursos. Las empresas tienen recursos limitados, ya sean financieros, humanos o tecnológicos, por lo que no todas las ideas pueden desarrollarse al mismo tiempo. Un enfoque estratégico evalúa cada idea en términos de su potencial impacto, costo y alineación con los objetivos corporativos. Esto permite decidir en qué ideas invertir, asegurando que los recursos se utilicen de manera eficiente. Por ejemplo, una empresa de tecnología puede priorizar el desarrollo de un *software* que automatice procesos en lugar de diversificarse en áreas menos relacionadas con su experiencia.

El enfoque estratégico también promueve la adaptación a los desafíos del entorno. Las empresas operan en un contexto cambiante, por lo que las ideas deben ser flexibles y capaces de evolucionar según las circunstancias. Un ejemplo claro es cómo las aerolíneas han adaptado sus servicios y estrategias durante y después de la pandemia de COVID-19, desarrollando soluciones como políticas de cancelación flexibles y mejores medidas de higiene, alineadas con las nuevas expectativas de los viajeros.

Finalmente, este enfoque incluye una etapa de evaluación y seguimiento. Las ideas no solo deben alinearse con los objetivos iniciales de la empresa, sino que también deben demostrar su eficacia a lo largo del tiempo. Esto se logra mediante métricas claras que permitan medir el progreso y ajustar las iniciativas según sea necesario.

Colaboración y diversidad

La colaboración y la diversidad son elementos esenciales para la generación de ideas ricas y variadas en un entorno empresarial. Los equipos compuestos por personas con diferentes perspectivas, experiencias y antecedentes tienen una capacidad única para abordar los desafíos de manera innovadora, ya que cada integrante aporta un punto de vista distinto que enriquece el proceso creativo. Este enfoque no solo fomenta la inclusión, sino que también incrementa la probabilidad de identificar oportunidades que podrían pasar desapercibidas en grupos homogéneos.

En el contexto de la colaboración, la sinergia que se crea al trabajar en equipo permite combinar habilidades y conocimientos especializados. Esto es particularmente relevante en proyectos complejos, donde una sola persona o departamento no puede abarcar todos los aspectos necesarios para desarrollar una solución efectiva. Por ejemplo, en el diseño de un nuevo producto, la colaboración entre diseñadores, ingenieros, especialistas en marketing y expertos en sostenibilidad asegura que se consideren todas las perspectivas necesarias, desde la funcionalidad técnica hasta la aceptación del mercado.

La diversidad, por su parte, añade una dimensión aún más rica al proceso. Equipos con diversidad cultural, generacional, de género o de formación académica tienden a desafiar los supuestos tradicionales y a proponer ideas más innovadoras. Las personas de diferentes culturas, por ejemplo, pueden aportar soluciones adaptadas a las necesidades específicas de mercados internacionales, mientras que las generaciones jóvenes pueden ofrecer ideas frescas sobre cómo integrar nuevas tecnologías. Un ejemplo claro es cómo empresas como Google fomentan la diversidad en sus equipos para desarrollar productos que sean inclusivos y globales.

Además, la diversidad también promueve un pensamiento crítico más profundo. Cuando las personas de un equipo tienen antecedentes similares, es más probable que compartan los mismos supuestos y enfoques, lo que puede limitar la creatividad. En cambio, un equipo diverso puede cuestionar esas ideas preestablecidas, abriendo nuevas posibilidades. Por ejemplo, al desarrollar una campaña publicitaria, contar con voces diversas puede ayudar a evitar errores culturales o mensajes que puedan interpretarse de manera negativa en ciertos grupos demográficos.

Sin embargo, para que la colaboración y la diversidad sean efectivas, es fundamental crear un entorno en el que se valore y respete cada aportación. Esto implica fomentar una cultura de comunicación abierta, donde todos los integrantes del equipo se sientan cómodos compartiendo sus ideas, incluso si estas desafían las normas establecidas. Además, los líderes deben actuar como facilitadores, asegurando que las contribuciones de todos se integren de manera equilibrada y que los conflictos potenciales se gestionen de forma constructiva.

Metodología

La exploración de ideas es un proceso estructurado que permite generar y analizar propuestas creativas para resolver problemas, desarrollar innovaciones o responder a oportunidades. Existen varias técnicas específicas que facilitan este proceso, cada una con un enfoque y metodología únicos. A continuación, se detallan las principales.

Lluvia de ideas *(brainstorming)*

El *brainstorming* es una técnica ampliamente utilizada en la exploración de ideas. Consiste en reunir a un grupo de personas para proponer ideas de forma libre y sin restricciones iniciales. Durante la sesión, se fomenta la cantidad de ideas sobre la calidad, ya que el objetivo es crear un espacio donde cualquier propuesta sea bienvenida, sin críticas ni evaluaciones inmediatas. Este enfoque ayuda a reducir la autocensura y fomenta la creatividad colectiva.

Por ejemplo, una empresa que busca lanzar un nuevo producto puede realizar una lluvia de ideas con su equipo de diseño, ventas y *marketing*. Las ideas generadas pueden ir desde las más prácticas hasta las más extravagantes, y todas se anotan para evaluarlas posteriormente. Este método es especialmente eficaz cuando se necesita superar bloqueos creativos o encontrar soluciones rápidas a problemas específicos.

Pensamiento visual

El *Design Thinking* es una metodología centrada en el usuario que busca soluciones innovadoras a problemas reales a través de un proceso iterativo. Este enfoque comienza con la empatía, es decir, comprender profundamente las necesidades y deseos de las personas involucradas. Posteriormente, se redefine el problema, se generan ideas, se prototipan soluciones y se prueban con usuarios reales.

Por ejemplo, una empresa que desarrolla aplicaciones móviles podría usar *Design Thinking* para mejorar la experiencia del usuario en su plataforma. A través de entrevistas y observación directa, identifica los puntos de dolor de los usuarios y luego trabaja en equipo para diseñar prototipos que resuelvan esos problemas. El ciclo de iteración constante permite ajustar las soluciones hasta que se logre un resultado óptimo.

Técnicas de mapas mentales

Los mapas mentales son herramientas visuales que organizan información y muestran las relaciones entre diferentes conceptos o ideas. En el contexto de la exploración de ideas, esta técnica es útil para estructurar pensamientos, conectar conceptos aparentemente no relacionados y descubrir nuevas perspectivas.

Por ejemplo, una organización que planea expandirse a un nuevo mercado podría crear un mapa mental con el concepto central de "expansión internacional". A partir de ahí, se ramificarían ideas relacionadas, como logística, *marketing*, adaptación cultural y análisis de competencia. Este enfoque permite visualizar claramente las conexiones y áreas que requieren más exploración, lo que facilita la toma de decisiones estratégicas.

Análisis de escenarios

El análisis de escenarios es una técnica que explora cómo diferentes cambios en el entorno podrían influir en el futuro, generando oportunidades para nuevas ideas. En este método, se desarrollan narrativas plausibles basadas en variables clave e incertidumbres críticas, lo que permite imaginar posibles configuraciones del futuro.

Por ejemplo, una empresa de energía renovable podría analizar escenarios futuros relacionados con la regulación ambiental y los avances tecnológicos. En un escenario optimista, la empresa podría prever un aumento en los incentivos gubernamentales para energías limpias, lo que la llevaría a invertir en nuevas tecnologías. En un escenario más restrictivo, podría considerar estrategias de diversificación para minimizar riesgos. Este tipo de análisis no solo genera ideas, sino que también orienta la planificación estratégica.

Aplicación práctica en empresas

• Identificación de tendencias: se analizan factores económicos, sociales, tecnológicos y ambientales para prever cómo podrían influir en el negocio.

• Solución de problemas concretos: la exploración de ideas ayuda a encontrar enfoques innovadores para resolver desafíos específicos.

• Nuevos productos o servicios: este proceso es esencial para el desarrollo de ofertas que cubran necesidades emergentes en el mercado.

Escenarios futuros

Definición

Los escenarios futuros son narrativas o descripciones detalladas de cómo podrían evolucionar distintos aspectos del entorno en función de las tendencias actuales, las incertidumbres y los posibles eventos disruptivos. Su propósito es ayudar a las empresas y organizaciones a planificar estratégicamente, enfrentando la incertidumbre con mayor preparación y flexibilidad.

Son herramientas utilizadas para explorar futuros alternativos que pueden materializarse en función de cómo interactúan diversos factores como el cambio tecnológico, las tendencias de mercado, las regulaciones, y los comportamientos sociales. No pretenden predecir el futuro con exactitud, sino identificar una variedad de posibles caminos que podrían seguirse, desde los más probables hasta los más disruptivos. Por ejemplo, una empresa que opera en el sector energético podría desarrollar escenarios futuros sobre cómo la transición a energías renovables impactará su modelo de negocio.

Objetivos

Los escenarios futuros tienen como objetivo principal ayudar a las organizaciones a prepararse para la incertidumbre. Vivimos en un mundo donde las variables económicas, tecnológicas, sociales y políticas cambian de manera constante, y los escenarios permiten visualizar cómo esas variables podrían configurarse en el tiempo. Al hacerlo, las empresas pueden identificar oportunidades y amenazas potenciales, lo que les permite diseñar estrategias más flexibles y adaptativas para enfrentar un entorno cambiante.

Otro de los propósitos clave de los escenarios futuros es estimular la innovación. Al imaginar distintos futuros posibles, las organizaciones se ven obligadas a cuestionar sus supuestos actuales y a pensar de manera creativa sobre cómo podrían evolucionar sus modelos de negocio, productos o servicios. Este ejercicio no solo les ayuda a prever cambios, sino también a desarrollar soluciones innovadoras que les permitan mantener su relevancia en mercados competitivos y en constante transformación.

Además, los escenarios futuros son una herramienta valiosa para identificar y gestionar riesgos. En lugar de verse sorprendidas por eventos inesperados, las empresas que trabajan con escenarios pueden prever diversas situaciones y diseñar respuestas adecuadas. Esto no significa que puedan controlar el futuro, pero sí que estarán mejor preparadas para enfrentarlo. En definitiva, los escenarios no buscan predecir el mañana, sino ofrecer una forma estructurada de navegar por la incertidumbre y aprovechar las oportunidades que puedan surgir.

Desarrollo de los escenarios futuros

El desarrollo de escenarios futuros es un proceso que permite a las organizaciones imaginar posibles configuraciones del entorno y prepararse para responder eficazmente a cambios inesperados. Este proceso comienza con la identificación de las variables clave que podrían influir significativamente en el futuro de una empresa o sector. Estas variables abarcan factores económicos, tecnológicos, sociales, políticos y ambientales. Por ejemplo, en el sector retail, se pueden considerar tendencias como el crecimiento del comercio electrónico, la sostenibilidad o los cambios en las preferencias del consumidor. El objetivo es entender qué fuerzas podrían moldear el panorama empresarial y qué aspectos presentan un mayor grado de incertidumbre.

Una vez identificadas las variables, se seleccionan aquellas que representan incertidumbres críticas y que tienen un impacto significativo en la organización. Estas incertidumbres se convierten en los ejes principales que estructuran los escenarios. Por ejemplo, en una empresa de automoción, las incertidumbres podrían incluir la velocidad con la que se adopten los vehículos eléctricos o los posibles cambios en la regulación ambiental. Estas incertidumbres son fundamentales porque ayudan a delinear futuros posibles que sean plausibles y relevantes.

A partir de estas incertidumbres, se construyen los escenarios. Cada uno describe cómo podrían desarrollarse las condiciones futuras en función de las combinaciones de las variables seleccionadas. Se suelen crear tres tipos de escenarios: uno optimista, otro pesimista y un tercero intermedio. Por ejemplo, una empresa tecnológica podría imaginar un escenario optimista donde la adopción de inteligencia artificial se acelera y sus productos dominan el mercado; un escenario pesimista donde las barreras regulatorias y los altos costos frenan la innovación; y un escenario intermedio en el que los avances tecnológicos progresan de manera más gradual.

Tras definir los escenarios, se procede a analizar el impacto que cada uno podría tener en la organización. Este análisis no solo evalúa riesgos, como posibles crisis económicas o disrupciones tecnológicas, sino también identifica oportunidades, como nuevos mercados o productos que podrían prosperar en ciertos futuros. Por ejemplo, en el caso de la empresa de automoción, un escenario favorable podría sugerir invertir en tecnologías de baterías avanzadas, mientras que un escenario más restrictivo podría impulsar la diversificación hacia otros segmentos del transporte.

Finalmente, las empresas desarrollan estrategias basadas en estos escenarios. Estas estrategias suelen ser flexibles y adaptables, permitiendo a la organización responder con agilidad a diferentes futuros. En lugar de depender de un único plan, las empresas pueden prepararse para múltiples resultados, aumentando su resiliencia frente a la incertidumbre. El uso de escenarios futuros no solo fomenta una planificación más sólida, sino que también impulsa la innovación al abrir nuevas formas de pensar sobre el cambio y la adaptación. Así, las organizaciones pueden anticiparse a los retos y aprovechar las oportunidades emergentes en un entorno cada vez más dinámico y complejo.

Ejemplo práctico de escenarios futuros

Imaginemos una empresa de automoción que desarrolla escenarios futuros relacionados con la movilidad sostenible:

- Escenario optimista: la legislación y las subvenciones gubernamentales impulsan la adopción masiva de vehículos eléctricos, y la empresa lidera el mercado con una oferta competitiva.
- Escenario pesimista: las tensiones geopolíticas aumentan el costo de las materias primas para baterías, ralentizando la transición hacia vehículos eléctricos.
- Escenario intermedio: el mercado de los vehículos eléctricos crece lentamente, coexistiendo con los motores de combustión por más tiempo del esperado.

Nuevos modelos de negocio

Los nuevos modelos de negocio son enfoques innovadores que transforman la forma en que una empresa crea, entrega y captura valor. No se limitan a cambios en los productos o servicios, sino que implican replantear cómo se estructura y opera toda la organización. Estos modelos surgen como respuesta a las dinámicas cambiantes del mercado, los avances tecnológicos, las expectativas de los consumidores y las preocupaciones sociales y ambientales. Su implementación no solo permite a las empresas mantenerse competitivas, sino también adaptarse a contextos futuros inciertos.

Un modelo de negocio se estructura sobre varios elementos clave, como la propuesta de valor, los canales de distribución, los segmentos de mercado, las fuentes de ingresos y la estructura de costes. Innovar en un modelo de negocio implica alterar o mejorar alguno de estos componentes. Por ejemplo, la aparición de plataformas digitales ha transformado radicalmente sectores tradicionales, como el comercio minorista o el entretenimiento. Empresas como Amazon o Netflix no solo ofrecen productos o servicios innovadores, sino que han cambiado la forma en que los consumidores los adquieren y experimentan.

Los nuevos modelos de negocio suelen surgir de la identificación de tendencias emergentes. En un entorno cada vez más enfocado en la sostenibilidad, muchos negocios han adoptado la economía circular, basada en reducir el desperdicio y reutilizar recursos en lugar de depender de materias primas nuevas. Un ejemplo claro es Patagonia, una empresa de ropa que incentiva a sus clientes a reparar, revender o reciclar sus productos. Este modelo no solo responde a las demandas del mercado, sino que también alinea la operación de la empresa con valores ambientales, captando un segmento de consumidores conscientes.

Otro enfoque innovador es el uso de suscripciones como modelo de ingresos, ampliamente adoptado en industrias como el *software* y el entretenimiento. En lugar de depender de ventas únicas, empresas como Adobe o Spotify aseguran un flujo constante de ingresos al ofrecer sus servicios por tarifas recurrentes. Este modelo también permite a las empresas adaptarse rápidamente a las necesidades cambiantes de los clientes, actualizando sus productos o servicios de manera continua.

En el ámbito tecnológico, los nuevos modelos de negocio también han surgido a partir de la economía de plataformas y la economía colaborativa. Empresas como Uber o Airbnb conectan directamente a usuarios y proveedores, eliminando intermediarios tradicionales y aprovechando activos infrautilizados, como coches o viviendas. Estos modelos han creado nuevas formas de generar valor, aunque también han enfrentado desafíos regulatorios y éticos que reflejan la complejidad de operar en mercados innovadores.

Finalmente, los nuevos modelos de negocio también aprovechan la personalización y el análisis de datos para ofrecer experiencias únicas a los consumidores. Por ejemplo, empresas como Stitch Fix utilizan algoritmos para seleccionar ropa según las preferencias y medidas individuales de sus clientes, redefiniendo la experiencia de compra. Este nivel de personalización no solo genera fidelidad en los clientes, sino que también optimiza los recursos de la empresa al reducir el desperdicio y mejorar la eficiencia.

De este modo, los nuevos modelos de negocio representan una forma de innovar profundamente en la estructura y operación de una empresa. Al adaptarse a las tendencias del mercado y responder a las demandas de los consumidores, las organizaciones no solo aseguran su sostenibilidad económica, sino que también contribuyen a un impacto social y ambiental positivo. Estos modelos son esenciales para afrontar los retos de un entorno empresarial globalizado y en constante cambio.

Otras herramientas para innovar

La innovación en modelos de negocio y gestión se ha convertido en un factor clave para que las empresas se mantengan competitivas en un entorno dinámico y globalizado. Además de las herramientas tradicionales como el Análisis DAFO o el Modelo Canvas, existen otras herramientas destacadas que promueven la innovación y la mejora continua. A continuación, se presentan algunas de ellas:

Design Thinking

El *Design Thinking* es una metodología centrada en las personas que busca resolver problemas mediante la creatividad y el enfoque en las necesidades del usuario. Combina empatía, análisis y prototipos para crear soluciones innovadoras. Por ejemplo, una empresa de calzado deportivo detecta que los clientes necesitan zapatillas adaptadas para personas con movilidad reducida. Utilizan *Design Thinking* para:

- Empatizar: entrevistan a usuarios con movilidad limitada.
- Definir: concluyen que los zapatos deben ser fáciles de poner y quitar sin comprometer el diseño.

- Idear: crean una lluvia de ideas para posibles cierres magnéticos y materiales flexibles.
- Prototipar: desarrollan un modelo inicial.
- Testear: piden a usuarios reales que prueben las zapatillas, ajustando el diseño según sus comentarios.

Lean startup

El *Lean Startup* es un enfoque ágil para desarrollar negocios o productos mediante experimentación rápida y aprendizaje iterativo, reduciendo costos y riesgos. Por ejemplo, un emprendedor lanza una aplicación para pedir comida saludable. En lugar de desarrollar todas las funcionalidades, crea un Producto Mínimo Viable (MVP) con solo el catálogo de menús y la opción de pedidos básicos. Observa que los usuarios valoran más las recomendaciones personalizadas, así que añade esa funcionalidad antes de invertir en otras características menos relevantes.

Business Model Navigator

Es una herramienta que analiza modelos de negocio exitosos de otros sectores para adaptarlos y aplicarlos a un contexto nuevo. Por ejemplo, una librería local decide usar el modelo de suscripción de plataformas como Netflix. Ofrecen un plan mensual que permite a los clientes alquilar libros físicos o digitales sin límite. Este enfoque reinventa la forma en que los clientes interactúan con la librería y fomenta la fidelización.

Gestión Ágil

Es un enfoque de gestión que prioriza la flexibilidad, la mejora continua y la entrega de valor al cliente mediante ciclos cortos de trabajo. Por ejemplo, una agencia de *marketing* utiliza Scrum para gestionar sus proyectos. Dividen el trabajo en *sprints* de dos semanas. Al finalizar cada *sprint,* revisan los resultados con el cliente, ajustan estrategias según el *feedback* y planifican el siguiente *sprint,* asegurando que el proyecto evoluciona según las necesidades del cliente.

Benchmarking

Es una técnica que consiste en comparar las mejores prácticas de otras empresas para mejorar procesos internos. Por ejemplo, una fábrica de automóviles analiza las prácticas de gestión de inventario de Amazon, famosa por su eficiencia logística. Adaptan algunos de estos procesos para reducir los tiempos de espera en sus líneas de producción, logrando entregar vehículos a los concesionarios un 20 % más rápido.

Herramientas digitales avanzadas

El uso de tecnologías como Big Data, Inteligencia Artificial, plataformas colaborativas o *blockchain* para optimizar procesos y tomar decisiones informadas. Por ejemplo, una cadena de supermercados utiliza Big Data para analizar patrones de compra. Descubre que las ventas de productos frescos aumentan los fines de semana. Como resultado, ajustan sus horarios de reposición y lanzan promociones específicas los viernes, incrementando las ventas en un 15 %. Además, implementan *blockchain* para rastrear el origen de los productos frescos, asegurando su calidad y transparencia.

La protección del modelo de negocio

Imagina que después de meses de esfuerzo, planificación y validación de tu idea con posibles clientes, estás listo para lanzar tu empresa. Tu propuesta promete revolucionar el mercado y estás entusiasmado con los resultados que puedes lograr. Pero surge una inquietud: ¿qué pasaría si alguien copia tu idea y se beneficia de todo tu trabajo? Este temor no es infundado, ya que, en un mercado competitivo, proteger lo que has creado es tan importante como la idea misma.

Proteger el modelo de negocio no solo implica salvaguardar la idea en sí, sino también la marca, los productos y cualquier información valiosa que pueda dar una ventaja a tu empresa. Para ello, es fundamental entender las dos grandes áreas de protección: la propiedad intelectual y la información confidencial.

La protección de la propiedad intelectual

La propiedad intelectual abarca los derechos exclusivos que tienen las personas o empresas sobre sus creaciones intelectuales, ya sean invenciones, obras literarias, diseños o marcas comerciales. Este conjunto de derechos, regulados en España por la Oficina Española de Patentes y Marcas (OEPM), asegura que los creadores puedan beneficiarse de su trabajo y evitar su uso no autorizado por terceros.

Protección de la idea

Este ámbito se enfoca en proteger las invenciones o conceptos originales mediante herramientas como:

- Las patentes: otorgan derechos exclusivos al inventor para evitar que otros fabriquen, usen o vendan su invención sin permiso. Su duración habitual es de 20 años, tras los cuales la invención pasa al dominio público.

- El diseño industrial: protege la apariencia estética de un producto, como su forma, color o textura, siempre que estas características sean nuevas y distintivas.

Protección de la marca

Una marca es el signo distintivo que identifica a una empresa o producto en el mercado.

El registro de marca otorga derechos exclusivos sobre su uso, asegurando que otros no puedan emplear marcas similares que generen confusión entre los consumidores. Este proceso es crucial para mantener la identidad de tu negocio y la confianza de tus clientes.

Protección del producto

En este caso, se protegen creaciones intelectuales que no califican como invenciones, como *software*, obras artísticas o literarias.

Los derechos de autor son una herramienta clave para proteger este tipo de trabajos, asegurando que el creador pueda controlar su distribución y uso.

La protección de la información confidencial

No todo puede o debe ser registrado mediante herramientas tradicionales. En muchos casos, la información que otorga una ventaja competitiva a una empresa se considera confidencial.

La protección de la información confidencial o secretos comerciales se centra en resguardar datos valiosos que no están destinados al dominio público. Estos secretos incluyen fórmulas, estrategias de negocio, listas de clientes y procesos internos.

¿Por qué optar por la confidencialidad?

Algunas empresas eligen no patentar ciertos aspectos de su modelo de negocio, ya que las patentes son públicas y su protección expira con el tiempo. Una vez vencido el período de protección, cualquiera podría replicar la idea. Por el contrario, mantener información como secreto comercial puede garantizar su exclusividad durante décadas, como es el caso de la fórmula de la Coca-Cola, protegida como secreto desde hace más de 100 años.

Herramientas para proteger secretos comerciales

Los acuerdos de confidencialidad (NDA) son contratos legales que comprometen a quienes tienen acceso a la información a no divulgarla bajo condiciones específicas. Estos acuerdos son esenciales para mantener la ventaja competitiva de una empresa.

Proteger un modelo de negocio va más allá de la idea inicial; implica salvaguardar todos los elementos que la hacen única y valiosa. Utilizar herramientas de protección de la propiedad intelectual y confidencialidad no solo asegura el trabajo realizado, sino que también refuerza la posición de la empresa frente a competidores y posibles riesgos. Una estrategia de protección adecuada puede ser la diferencia entre el éxito sostenido y el aprovechamiento de tus ideas por otros.

 Reflexiona: ¿de qué manera la protección adecuada de la propiedad intelectual y la confidencialidad puede influir en el éxito a largo plazo de un modelo de negocio? ¿Qué riesgos afrontaría una empresa que no tomara medidas para proteger su innovación?

Bibliografía

Alcázar, P., (2018), Cómo crear un producto mínimo viable, *Emprendedores: Las Claves de la Economía y el Éxito Profesional,* 254, 54-60. https://dialnet.unirioja.es/servlet/articulo?codigo=6643232

Alcázar, P., (2018), Cómo crear un producto mínimo viable, *Emprendedores: Las Claves de la Economía y el Éxito Profesional,* 254, 54-60. https://dialnet.unirioja.es/servlet/articulo?codigo=6643232

Argudo, J. M., (s. f.)., *ECONOSUBLIME.* ECONOSUBLIME. https://www.econosublime.com/

Cabrera Bautista, A., (2023), *Economía. 2 Bachillerato,* Ediciones SM.

Castells, P. E. I., & Pasola, J. V., (1997), Tecnología e innovación en la empresa: dirección y gestión. En *Edicions UPC eBooks.* https://doi.org/10.5821/ebook-9788498802948

Castells, P. E. I., & Pasola, J. V, (2003), Tecnología e innovación en la empresa. En *Edicions UPC eBooks.* https://dialnet.unirioja.es/servlet/libro?codigo=79577

Dahlstrom, M. F, (2014), Using narratives and storytelling to communicate science with nonexpert audiences, *Proceedings Of The National Academy Of Sciences, 111,* (supplement_4), 13614-13620. https://doi.org/10.1073/pnas.1320645111

Fernández-González, R., Puime-Guillén, F., & Fernández-Lago, D., (2022), Digitalización para las pequeñas y medianas empresas, *Revista Estrategia Organizacional,* vol. 11, núm. 2, 145-164. https://doi.org/10.22490/25392786.6119

Libro Empresa Y Diseño De Modelos De Negocio 2º Bachillerato (LOMLOE). (s. f.). ECONOSUBLIME. https://www.econosublime.com/p/libro-economia-empresa-2-bachillerato.html

Ries, E., (2011), The lean startup. https://en.wikipedia.org/wiki/Lean_startup

Rivadeneira, M., (2017), Estrategia: Componentes evaluados a partir del caso práctico del Circo del Sol (Cirque du Soleil). *En reponame: Repositorio Institucional EdocUR.* https://repository.urosario.edu.co/handle/10336/13564

Rivera, R. M. M., (2014), La estrategia del océano azul: "Cómo desarrollar un nuevo mercado donde la competencia no tiene ninguna importancia". *Boletín Científico de las Ciencias Económico Administrativas del ICEA,* 2(4). https://doi.org/10.29057/icea.v2i4.96

Rowe, P. G., (1987), *Design thinking.* https://www.amazon.com/Design-Thinking-Press-Peter-Rowe/dp/026268067X

Sutton, R. I., & Hargadon, A., (1996), Brainstorming Groups in Context: Effectiveness in a Product Design Firm, *Administrative Science Quarterly,* 41(4), 685. https://doi.org/10.2307/2393872

Vargas, M., (2023, 26 diciembre), ¿Qué le pasó a Juicero? ¿La historia de Doug Evans. Slidebean. https://slidebean.com/es/story/doug-evans-juicero-juicer

Ware, C., (2008), *Visual Thinking for Design,* https://ci.nii.ac.jp/ncid/BA88002230

Ware, C. (2008b), *Visual Thinking for Design,* https://ci.nii.ac.jp/ncid/BA88002230

Zott, C., & Amit, R, (2009), Business Model Design: an Activity system perspective, *Long Range Planning,* 43(2-3), 216-226. https://doi.org/10.1016/j.lrp.2009.07.004